Fiona McPherson

Nie wieder vergesslich!

Ihr Schlüssel zu einem wirklich
guten Gedächtnis

Aus dem Englischen übersetzt von Birgit
Hahn-Hafez und Gertrud Köhn

Die Deutsche Bibliothek – CIP-Einheitsaufnahme

McPherson Fiona:
Nie wieder vergesslich! : Ihr Schlüssel zu einem wirklich guten
Gedächtnis / Fiona McPherson. Aus dem Engl. übers. von Birgit
Hahn-Hafez und Gertrud Köhn. – Landsberg am Lech : mvg-
Verl., 2000
 (mvg-Paperbacks ; 08790)
 Einheitssacht.: The memory key <dt.>
 ISBN 3-478-08790-2

Umschlaggestaltung: Vierthaler & Braun
Satz: Fotosatz Buck, Kumhausen
Druck und Bindearbeiten: Presse-Druck, Augsburg
Printed in Germany 08790/9005502
ISBN 3-478-08790-2

Inhalt

Danksagung

Mein aufrichtiger Dank für die Erlaubnis zum Abdruck von Materialien gilt:

Experimentelles Material auf S. 61 wurde entnommen aus:
Cantor, J. & Engle, R.W. 1993. Working memory capacity as long-term memory activation: An in individual-differences Approach. *Journal of Experimental Psychology: Learning, Memory and Cognition, 19*, 1101–1114. © American Psychological Association.

Die Diagramme auf S. 65 wurden entnommen aus:
Broadbent, D.E., Cooper, P.J. & Broadbent, M.H. 1978. A comparison of hierarchical and matric retrieval schemes in recall. *Journal of Experimental Psychology: Human Learning and Memory, 4*, 486–497. © American Psychological Association.

Experimentelles Material auf S. 88–89 wurde entnommen aus:
Daneman, M. & Carpenter, P.A., 1980. Individual differences in working memory and reading. *Journal of Verbal Learning and Verbal Behavior, 19*, 450–466. © Academic Press.

Die beiden Schaubilder auf S. 140 wurden entnommen aus:
Robinson, D.H. & Kiewra, K.A. 1995. Visual argument: Graphic organizers are superior to outlines in improving learning from text. *Journal of Educational Psychologiy, 87*, 455–467. © American Psychological Association.

Die Illustration von S. 141 wurde entnommen aus:
Mayer, R.E., Bove, W., Bryman, A., Mars, R. & Tapangco, L. 1996. When less is more: Meaningful learning from visual and verbal summaries of science textbook lessons. *Journal of Educational Psychology, 88*, 64–73. © American Psychological Association.

Experimentelles Material auf S. 149–150 wurde entnommen aus:
McCormick, C.B. & Levin, J.R. 1987. Mnemonic prose-learning

strategies. In M.A. McDaniel & M. Pressley (eds.), *Imagery and Related Mnemonic Processes: Theories, individual differences and applications*. New York: Springer.

Experimentelles Material auf S. 151 wurde entnommen aus:
Woloshyn, V.E., Willoughby, T., Wood, e. & Pressley, M. 1990. Elaborative interrogation facilitates adult learning of factual paragraphs. *Journal of Educational Psychology, 82,* 513–524. © American Psychological Association.

Punkte aus dem *Vividness of Visual Imagery Questionnaire* S. 175 entnommen aus:
Marks, D.F. 1972. Individual differences in the vividness of visual imagery and their effect on function. In P.W. Sheehan (ed.) *The Function and Nature of Imagery*. © Academic Press.

1 Wie Sie Ihr Gedächtnis für immer verbessern

Kurse über Gedächtnistraining haben sehr selten einen dauerhaften Effekt, denn es reicht nicht aus, „Tricks" zu lernen. Um das Gedächtnis dauerhaft zu verbessern, muss man zuerst wissen, wie es funktioniert, damit man versteht, *warum,* wie und *wann* verschiedene Lern- und Erinnerungsmethoden sinnvoll sind.

Warum eine dauerhafte Gedächtnisverbesserung selten ist

Seit 2500 Jahren behaupten „Experten", dass sie in der Lage seien, das Gedächtnis der Menschen zu verbessern. Die meiste Zeit über blieben die Methoden gleich. Doch trotz der nachgewiesenen Wirksamkeit der Methoden und der anerkannten Gültigkeit der Prinzipien gibt es kaum Menschen, die ihr Gedächtnis dauerhaft verbessert haben. Sogar intensive, monatelange Kurse bringen selten anhaltende Gedächtnisverbesserungen.

Warum gelingt es uns trotz solcher Anstrengungen nicht, unser Gedächtnis zu verbessern? Es liegt nicht daran, dass wir nicht intelligent genug oder zu faul sind, sondern daran, dass diese Gedächtnistrainingsprogramme fehlerhaft sind. Sie basieren zwar auf bewährten Methoden und anerkannten Grundlagen, doch sie versagen, weil sie das Wissen, das man zur Gedächtnisverbesserung benötigt, nicht vermitteln. Dieses Buch möchte diese Lücke schließen.

Das Gedächtnis ist vielschichtig

Einer der Gründe für das Versagen der meisten Programme zur dauerhaften Gedächtnisverbesserung liegt darin, dass das Erinnern eigentlich eine Kategorie ist wie der Sport. Würden Sie sagen „Ich möchte meinen Sport verbessern"? Natürlich nicht, Sie würden sagen „Ich möchte mein Tennisspiel (oder Golfspiel oder Laufen) verbessern".

Das Gedächtnis ist keine homogene Einheit. Gedächtnisleistungen, die uns beeindrucken, sind nicht das Ergebnis eines „fotografischen" Gedächtnisses oder irgend eines anderen angeborenen Talents. Sich eine Reihe von 80 Ziffern nach nur einmaligem Anschauen zu merken, ist ein Trick, den jeder lernen kann – falls er für diese Fähigkeit monatelanges Lernen und Üben investieren will.

Doch dieser Trick funktioniert nicht automatisch bei anderen Gedächtnisfähigkeiten. Jemand, der monatelang darüber schwitzt, sich immer längere Zahlenreihen merken zu können, wird sich auch nicht leichter Einkaufslisten merken können. Schachexperten brauchen Jahre, um ihr phänomenales Gedächtnis zum Arrangieren der Schachfiguren zu entwickeln, doch das macht sie nicht besser darin, eine Rede zu behalten oder sich daran zu erinnern, was sie letzten Dienstag gemacht haben.

Umfragen haben ergeben, dass es über 100 Gedächtnisaufgaben im Alltag gibt, die uns Probleme bereiten. Jede dieser Aufgaben erfordert ein anderes Vorgehen.

Keine Panik! Einhundert hört sich nach viel an, doch denken Sie einen Moment daran, wie viele verschiedene Techniken Sie haben, um einfach durch den Tag zu kommen. Schuhe anziehen ist eine andere Technik als ein Hemd anziehen; Brot zu toasten ist eine ganz andere Fähigkeit als sich die Zähne zu putzen. Sie wenden schätzungsweise 100 verschiedene Fertigkeiten an, bevor Sie aus dem Haus gehen!

Darüber hinaus fangen Sie nicht ganz von vorne an. Sie haben ja bereits viele Gedächtnisfertigkeiten, und vielleicht sind Sie mit einigen davon auch ganz zufrieden. Worauf es ankommt ist, Ihre genauen Bedürfnisse kennenzulernen. Also sagen Sie nicht: „Ich möchte mein Gedächtnis verbessern", sondern sagen Sie: „Ich möchte diese spezielle Gedächtnisfertigkeit verbessern". Denn dabei kann Ihnen dieses Buch wirklich helfen!

Beschreiben Sie die Gedächtnisfertigkeiten, die Sie ausbauen wollen

Bevor wir also anfangen, Ihre Gedächtnisleistung zu verbessern, fragen Sie sich erst einmal, warum Sie Ihr Gedächtnis verbessern wollen. Warum denken Sie, dass Sie ein schlechtes Gedächtnis haben? Hier ist eine Liste der Gedächtnisfertigkeiten, die uns die meisten Probleme bereiten:

➡ einen Namen mit einem Gesicht verbinden,
➡ ein Gesicht mit einem Namen verbinden,
➡ sich erinnern, in welchem Kontext man jemanden gesehen hat (z.B. den Bibliothekar),
➡ sich an wichtige Daten erinnern (Geburtstage, Verabredungen usw.),
➡ sich daran erinnern, etwas zu erledigen oder zu einer bestimmten Zeit zu tun,
➡ sich an Wissen erinnern, das man gelernt hat,
➡ sich an bestimmte Begriffe und Namen erinnern (z.B. Computersprache, Geschäftsstrategien, Bücher, Pflanzen, Rezepte),
➡ sich erinnern, wie man etwas macht (z.B. Computerbedienung, Basteltechniken, Aufgaben im Haushalt),
➡ sich an Besonderheiten von jemandem erinnern, den man getroffen hat (z.B. die Namen der Kinder oder des Partners, irgendwelche Probleme, die bestanden, als Sie zuletzt miteinander gesprochen haben usw.),
➡ wissen, dass es etwas gibt, woran man sich erinnern müsste, aber man kommt nicht darauf,

➠ sich erinnern, ob man etwas getan hat,

➠ sich erinnern, wohin man etwas geräumt hat,

➠ sich erinnern, wann/wo etwas geschehen ist (z.B. wo Sie etwas gekauft haben, wo Sie etwas gelesen haben).

Seien Sie genau: Denken Sie an bestimmte Situationen, in denen Sie von Ihrem schlechten Gedächtnis in Verlegenheit gebracht worden sind oder in denen Sie sich über Ihre Vergesslichkeit geärgert haben. Schreiben Sie sie auf (auf Seite 17 ist ein Arbeitsbogen dafür). Benutzen Sie diese speziellen Situationen als Ausgangspunkte, um Ihre Bedürfnisse herauszuarbeiten. Haben Sie sich vielleicht geschämt, weil Sie den Geburtstag Ihres besten Freundes vergessen haben – schreiben Sie es auf. Denken Sie darüber nach, ob dies zu einer allgemeinen Gedächtnisfähigkeit („sich an wichtige Termine erinnern") gehört, die Sie verbessern wollen, oder ob Sie lediglich sicher gehen wollen, sich an ein oder zwei besonders wichtige Daten zu erinnern.

Ein Beispiel:

Gedächtnisfertigkeiten, die ich verbessern möchte:

● mich an persönliche Dinge erinnern, die mir meine Freunde erzählt haben,

● mich an interessante Dinge erinnern, die ich gelesen habe,

● mich an die Namen der Leute in meinem Tennisclub erinnern,

● mich an die Geburtstage meines Partners und meiner Nichten erinnern,

● mich an die Dinge erinnern, die ich heute tun muss,

● mich an Wissen erinnern, das ich gelernt habe.

Wenn Sie Ihr Gedächtnis ernsthaft verbessern wollen, ist dies ein Schritt von größter Wichtigkeit. Nehmen Sie sich deshalb Zeit darüber nachzudenken, was Sie erreichen wollen, bevor Sie weitergehen.

Die „Kosten" der Gedächtnisfertigkeiten

Ein weiteres Problem vieler Gedächtnistrainingsprogramme ist, dass sie den Arbeits- und Zeitaufwand der Lernmethoden vernachlässigen. So ist beispielsweise eine der klassischen Merkstrategien die *Orts-Methode*. Bei diesem Vorgehen müssen Sie sich einige Objekte vorstellen, die einen festen Platz haben (z.B. Ihr Haus, ein bekannter Weg, ein Klassenzimmer). Dann benutzen Sie diese Strategie immer als Leitfaden, wenn Sie sich eine bestimmte Information merken wollen. Für die Einkaufsliste beispielsweise stellen Sie sich Brot auf der Fußmatte vor, Kartoffeln, die am Kleiderhaken hängen, Äpfel in der Spüle, usw. Diese Methode gibt es angeblich bereits seit 477 vor Christus und viele Menschen haben sie seither erlernt – doch wie viele haben sie öfters als ein- oder zweimal angewendet? Für diese Methode ist viel mehr Aufwand nötig, als die meisten von uns investieren wollen.

Strategien wie die *Orts-Methode* und die *Aufhänger-Methode* (dazu später mehr) funktionieren zwar, doch nur wenige Menschen wollen den Aufwand betreiben, der dafür nötig ist. Grund dafür ist weniger Faulheit als eine einfache Kosten-Nutzen-Rechnung. Die Mühe, die diese Strategien verursachen, steht selten in Relation zum Erfolg. Schließlich ist der Aufwand, einfach einen Zettel an den Kühlschrank zu heften und darauf laufend zu notieren, was eingekauft werden soll, wesentlich geringer, als sich für jeden Artikel, den ich brauche, ein lebhaftes Bild zu kreieren.

Eine gute Strategie muss also nicht nur effektiv, sondern auch praktisch sein. Das bedeutet, dass der Erfolg den Aufwand wert sein muss. Manche Menschen finden es einfach, sich Bilder vorzustellen, weshalb der Aufwand für sie gering ist. Für andere wiederum ist eine bestimmte Gedächtnisleistung so wichtig, dass sie bereit sind, dafür viel Zeit und Energie zu investieren.

Bevor Sie eine Fertigkeit erlernen, überlegen Sie sich, ob sie die Zeit und die Anstrengung wert ist.

Sehen Sie auf Ihrer Liste mit den Gedächtnisleistungen nach, die Sie verbessern möchten, und fragen Sie sich, wie wichtig sie Ihnen sind. Vielleicht können Sie sich Namen schlecht merken, aber möglicherweise interessieren Sie sich auch nicht besonders dafür. Oder Sie können sich schon jetzt ganz gut an erlerntes Wissen erinnern, aber es ist für Sie sehr wichtig, noch besser darin zu werden.

Notieren Sie neben der Liste mit den Leistungen auch, wie viel Aufwand Sie investieren wollen, um diese Fertigkeiten zu verbessern. Ihre Einschätzung der Wichtigkeit dieser Leistung können Sie sowohl in Kommentaren („groß", „nicht sehr", „etwas" usw.) als auch in Zahlen (1–10 %) ausdrücken. Nachdem Sie nun Ihre Ziele festgelegt haben, werden Sie jetzt erfahren, wie Sie sie erreichen können.

Die Gedächtnisleistung verbessern

Wie arbeitet das Gedächtnis?

Auch wenn ich stets betone, dass Sie Ihr „Gedächtnis" als solches nicht verbessern können, sondern sich auf bestimmte Gedächtnisfertigkeiten konzentrieren müssen, heißt das nicht, dass Gedächtnisfertigkeiten aus dem Nichts kommen. Sie können kochen lernen, ohne dass Sie etwas von Chemie verstehen, doch es wird Ihnen bestimmt leichter fallen, Rezepte zu verändern und neue zu kreieren, wenn Sie die Eigenschaften der verschiedenen Zutaten kennen – z. E., ob Eier eine Masse andicken, binden oder flüssig machen können.

Untersuchungen haben bestätigt, dass die meisten Menschen Lern- und Gedächtnisstrategien erfolgreicher anwenden können, wenn sie allgemein über die Funktionsweise des Gehirns informiert sind.

Gedächtnisleistungen – Prioritätenliste

Gedächtnisleistung	Aufwand			Wichtigkeit
	groß	mittel	gering	
sich an erlerntes Wissen erinnern				
sich an den Namen/das Gesicht von jemandem erinnern				
sich an wichtige Termine erinnern				
sich an Aufgaben erinnern, die man erledigen muss				

Je besser Sie verstehen, wie das Gehirn funktioniert, desto mehr profitieren Sie von speziellen Gedächtnisübungen.

Wenn Sie verstehen, wie das Gedächtnis funktioniert,

- können Sie sich an verschiedene Gedächtnisfertigkeiten erinnern,
- können Sie entscheiden, welche Fertigkeit Sie einsetzen,
- können Sie Ihre Fertigkeit an neue Situationen anpassen,
- bekommen Sie Zutrauen in Ihre Fertigkeiten,
- nimmt die Wahrscheinlichkeit zu, dass Sie Ihre Fertigkeiten auch nutzen werden.

Wenn Sie wissen, wie das Gedächtnis funktioniert, machen die Lernstrategien, die ich Ihnen hier vorstelle, viel mehr Sinn. Sie werden sich viel leichter an sie erinnern, weil sie Teil Ihres Allgemeinwissens geworden sind. Dann können Sie sie auf die verschiedensten Situationen in Ihrem Leben übertragen, denn Sie verstehen, welche Fertigkeit in welcher Situation hilfreich ist. Und außerdem haben Sie auch Vertrauen in diese Strategien, und das beinflusst den Lernerfolg sehr.

Die Strategien beherrschen

Vertrauen in eine bestimmte Technik stellt sich nicht ein, weil man Ihnen etwa erzählt hat, dass sie nützlich ist, und auch nicht, weil Sie sie selbst einmal ausprobiert haben. Um von einer Strategie wirklich überzeugt zu sein, müssen Sie auch verstehen, warum sie funktioniert. Sie müssen außerdem davon überzeugt sein, dass Sie die Strategie erfolgreich und sinnvoll einsetzen können – Sie haben die Technik nicht nur erlernt, sondern Sie beherrschen sie.

Eine Gedächtnisfertigkeit zu beherrschen bedeutet, sie zu einer Gewohnheit zu machen.

Denken Sie z.B. ans Auto fahren. Anfangs mussten Sie so viele verschiedene Dinge bedenken, doch allmählich wurden sie Routine und liefen automatisch. Eine Fertigkeit haben Sie dann erworben, wenn Sie nicht mehr darüber nachdenken müssen.

Sie wenden eine Fertigkeit am ehesten an, wenn Sie

● überzeugt davon sind, dass sie Ihrem Gedächtnis hilft,
● verstehen, warum sie Ihrem Gedächtnis hilft,
● wissen, wann Sie sie verwenden können, und wann nicht, und wenn Sie
● zuversichtlich sind, dass Sie die Fertigkeit richtig einsetzen können.

So wie es mit dem Auto fahren, dem Klavier spielen oder dem Rosen schneiden ist, so beherrscht man auch eine Gedächtnisfertigkeit dann, wenn man sie automatisch anwenden kann. Und sobald sie einmal von selbst läuft, fühlen Sie sich sicher. Sie ist dann Teil Ihres „permanenten Speichers" und wie das ewige Eis, das niemals schmilzt, gehen auch die Erinnerungen in diesem Speicher nicht mehr verloren.

Dazu kommt, dass der Aufwand für eine Fertigkeit, die automatisch abläuft, sehr gering ist. Ihre Anwendung benötigt wenig Zeit und Sie brauchen sich kaum mehr anzustrengen. Wenn man den Aufwand reduziert, erhöht sich die Attraktivität einer Fertigkeit erheblich. Es ist dann viel wahrscheinlicher, dass man sie auch anwendet.

Erkennen Sie Ihre Möglichkeiten

Ich glaube, dass der Grund für das mangelnde Vertrauen vieler Menschen in ihre eigenen Fähigkeiten darin liegt, dass oft eine Verbindung zwischen Lernen und Intelligenz hergestellt wird. Kann sich jemand scheinbar mühelos Fakten merken, schließen wir daraus, dass er intelligent ist. Jemanden, der Probleme mit dem Lernen und Behalten hat, halten wir für weniger intelligent. Obwohl ich schon glaube, dass manche Menschen leichter als andere bestimmte Fertigkeiten erlernen und eher wissen, wie sie sie erfolgreich einsetzen, ist es trotzdem wichtig, Folgendes zu verstehen: Geschicktes Lernen ist selbst eine erlernte Fähigkeit. Sie können sehr clever sein und trotzdem schwer lernen oder Sie können durchschnittlich klug sein und leicht lernen. Ob Sie Strategien zur Verbesserung Ihrer Merkfähigkeit erfolgreich anwenden oder nicht hängt eher davon ab, wieviel Sie über Gedächtnisprozesse und Lerntechniken wissen, als davon, wie intelligent Sie sind.

Der Schlüssel für gutes Lernen liegt nicht nur in Ihrem Wissen über die Funktionsweise des Gedächtnisses und Ihrer flexiblen und sinnvollen Anwendung der verschiedenen Strategien. Sie müssen auch in der Lage sein, Ihre eigenen Möglichkeiten zu erkennen, und über Ihren Lernstil zu reflektieren. Sie werden Strategien kaum effektiv einsetzen können, wenn Sie sich nicht einmal bewusst sind, wie mangelhaft Sie etwas gelernt haben oder dass Sie sich wahrscheinlich nicht mehr daran erinnern werden. Sie werden sich eine Technik nicht aneignen können, wenn Sie leichtfertig ignorieren, dass Sie die Information grundlegend missverstanden haben.

Jemand, der effektiv lernt:

● weiß, wie das Gedächtnis funktioniert,
● hat viele Gedächtnisfertigkeiten und kann sie entsprechend einsetzen, und
● reflektiert und versteht sein eigenes Lernverhalten.

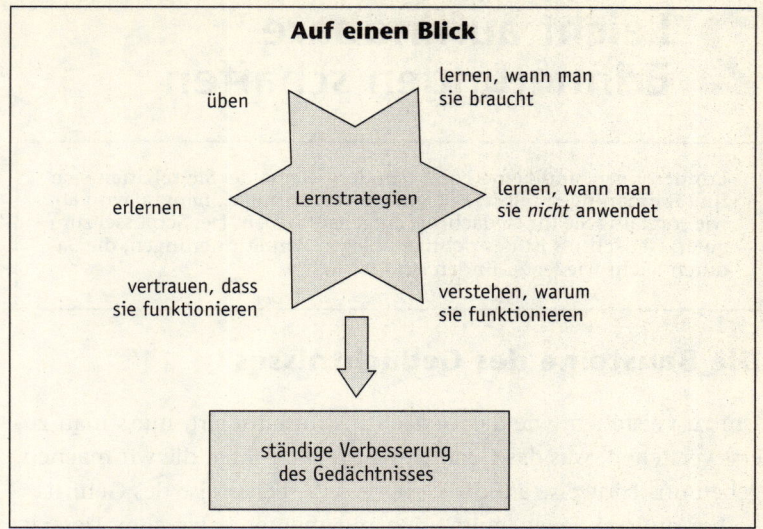

Die wichtigsten Punkte

Um Ihr Gedächtnis dauerhaft zu verbessern, genügt es nicht, besondere Gedächtnisfertigkeiten zu trainieren. Sie benötigen außerdem:

➧ Wissen über die verschiedenen Lernmethoden und wann die verschiedenen Strategien geeignet sind,
➧ Wissen über die Funktionsweise des Gedächtnisses, wie es arbeitet und warum es versagt,
➧ Vertrauen in sich selbst und Ihre Fähigkeiten.

2 Leicht auffindbare Erinnerungen schaffen

Erinnerungen sind keine Fotos, sondern Gemälde. Sie schaffen sich Ihre Erinnerungen selbst. Wie gut Sie sich erinnern, hängt davon ab, wie sorgfältig Sie Ihr Gedächtnis aufgebaut haben. Der Schlüssel zum guten Gedächtnis ist das richtige Ablegen von Erinnerungen, die dadurch leicht wieder zu finden sind.

Die Bausteine des Gedächtnisses

Um zu verstehen, wie das Gedächtnis funktioniert, muss man zuerst verstehen, was das Gedächtnis *ist*. Die Fehler, die wir machen, geben uns Hinweise auf die verborgene Arbeitsweise des Gehirns.

Vor einigen Tagen musste ich mit meiner Katze zum Tierarzt. Auf dem Weg, so plante ich, könnte ich auch gleichzeitig noch ein Buch in die Bibliothek und einige Briefe zur Post bringen. Ich legte die Briefe und das Buch auf den Beifahrersitz. Die Katze kam auf den Rücksitz.

Während der Fahrt miaute die Katze kläglich. Hektisch und voller Sorge um das Tier hielt ich am Briefkasten an und griff mir die Briefe. Als ich gerade dabei war, sie in den Schlitz zu stecken, erstarrte ich. Ich war dabei, mein ausgeliehenes Buch in den Kasten zu werfen! (Ich gebe zu, es war nur ein sehr dünnes Buch).

Der Hauptgrund für diesen Fehler war, dass ich in Hektik und Sorge war. Wenn Ihr Kopf nicht bei der Sache ist, arbeiten Sie auf „Autopilot" – eine sehr gängige Fehlerquelle. Doch lediglich zu sagen, dass man unaufmerksam war, erklärt nicht wirklich, warum solche Irrtümer passieren.

Fehler passieren, weil unsere Handlungen auf dem basieren, was in unserem Kopf vorgeht, und das entspricht nicht unbedingt der echten Welt. In meinem Kopf gab es kein Bibliotheksbuch und keinen Stapel Briefe. Statt dessen hatte mein Gehirn zwei **interne**

Symbole mit speziellen Eigenschaften geschaffen – die nicht unbedingt, und bestimmt nicht voll und ganz, der Wirklichkeit entsprachen. Als ich die Symbole kreierte, wusste ich, dass ich mich nicht lange an sie erinnern müsste. Ich wusste ebenfalls, dass es nur zwei interessante Attribute gab: Wo sie waren und was ich mit ihnen machen sollte.

Und da ist auch schon der springende Punkt. Zwei Symbole in meinem Kopf: eines heißt „liegt auf dem Beifahrersitz" und „in den Briefkasten werfen", das andere „liegt auf dem Beifahrersitz" und „in die Bibliothek bringen". Nachdem ich den einzelnen Dingen auf meinem Beifahrersitz keinerlei Aufmerksamkeit geschenkt hatte, hatte ich eine 50prozentige Chance das richtige zu greifen.

Erinnerungen sind keine Mitschnitte von Dingen und Erfahrungen, die automatisch archiviert wurden. Erinnerungen sind **Codes** und der Codetyp (oder das innere Symbol, das im Gehirn gespeichert ist), hängt nicht vom Ereignis oder Objekt selbst ab, sondern davon, wie Sie es verschlüsseln. Jede Erinnerung kann auf verschiedenste Art und Weise verschlüsselt und abgelegt werden. Der spezielle Code, den Sie dafür kreieren, bestimmt, wie einfach Sie sie später wieder finden.

Der Code bestimmt auch, was Sie finden werden. In der echten Welt kann das Objekt ein Bibliotheksbuch mit dem Titel *The Psychology of Anomalous Experience* von Graham Reed sein, mit einem Pappeinband in orange und grau, ungefähr einen Zentimeter dick, ungefähr 12 mal 20 Zentimeter groß, rund 25 Jahre alt. Doch mein Gedächtniscode beruht auf dem, was ich unter den besonderen Umständen als wichtig erachte. In diesem Fall enthielt mein Code keine dauerhaften Attribute der Objekte, sondern nur zwei ausschließlich temporäre – der gegenwärtige Aufenthaltsort und was ich damit vor hatte.

> **Was Sie im Gedächtnis finden und woran Sie sich erinnern hängt von dem Code ab, den Sie kreiert haben.**

Wie das Gedächtnis funktioniert

Information hat keine Grenzen

Es ist ein weit verbreitetes Ammenmärchen, dass jede Erfahrung, die Sie gemacht haben, in liebevoller Detailtreue in den Neuronen Ihres Gehirns gespeichert wurde. Wenn es stimmen würde, wo würde man einen Schlussstrich ziehen? Schauen Sie sich im Raum um – haben Sie für die Nachwelt jede Besonderheit am Boden, jedes Staubflöckchen registriert? Schauen Sie weg und dann wieder hin – haben Sie das alles jetzt noch einmal aufgenommen?

Stellen Sie sich vor, dass jede Erfahrung unzensiert archiviert würde, ohne nötiges Verständnis, ohne Gewichtung, von Anfang an. Jedes Mal, wenn ein Baby weint, würden die Umgebung, das Licht, die Geräusche, die Gerüche, das Gefühl von Kleidung auf der Haut, das Gefühl von sich bewegenden Muskeln und Verdauungsgeräusche sorgfältigst archiviert werden. Und jede Kleinigkeit würde wiederholt aufgenommen und mitgeschnitten werden, sobald es wieder erlebt wird – jede Minute, jede Sekunde, jede Millisekunde.

Ohne Auswahlkriterien, ohne das Abschätzen, was wichtig genug ist, aufbewahrt zu werden und was nicht, gäbe es eine unendliche Menge von Informationen, die gespeichert werden müssten. Denn wer sagt denn, dass das Baby aufwachen muss? Auch wenn es schläft, können Geräusche, Gerüche, Empfindungen auf der Haut und das Muskelspiel wahrgenommen werden.

Das erste, fundamentale Prinzip des Gedächtnis ist also: *Gedächtniscodes werden aus ausgewählten Informationen erstellt.* Wir sind keine leeren Blätter, die darauf warten, beschrieben zu werden und jedes Detail mit bienenhaftem Fleiß aufnehmen. Wir sind *Benutzer* von Informationen und das erste, was wir mit Informationen tun, ist zu entscheiden, welche wir aufbewahren wollen.

Ist unser Gedächtnis ein Schrotthaufen oder ein Archivierungssystem?

Wenn wir uns an jedes kleine Ding erinnern würden, dann wäre das Gedächtnis sehr wahrscheinlich ein Schrotthaufen – ein Speicher, auf den wie Kraut und Rüben alles geworfen wird und „auf einen Regentag" wartet. Und genauso wie das Durchsuchen dieses Speichers wäre auch das Suchen im Gedächtnis eine zeitaufwendige, frustrierende Angelegenheit. Es sei denn, wir hätten das gesuchte Ding erst kürzlich, „gleich neben der Tür!", dazugestellt.

Doch das Gedächtnis ist eine Struktur. Es wurde konstruiert und wird laufend rekonstruiert. Dem Aufbauprozess liegen feste Gesetze zugrunde. Wenn Sie das Gefühl haben, Ihr Gedächtnis sei ein Speicher voller Gerümpel, so liegt das vielleicht daran, dass Sie die Aufbauprinzipien nicht verstanden haben.

Assoziationen sind der Grundstein der Gedanken

Im weitesten Sinne sind die Grundlagen von Gedächtnis und Denken identisch. Wir assoziieren Dinge in Gedanken. Sie sagen „Brot" und ich sage „Butter"; Sie sagen „Katze" und ich sage „Hund". Diese Eigenschaft unseres Gedächtnisses ist uns so vertraut, dass wir es als selbstverständlich hinnehmen. Doch diese Fähigkeit erlaubt uns wichtige Einsichten darüber, wie wir denken und uns erinnern.

Die Assoziationen, die wir haben, reflektieren die Art und Weise, wie unsere Gedächtniscodes organisiert sind.

Die Erinnerungen liegen in einem Muster, nicht an einem Ort

Schauen Sie sich diese Punkte an:

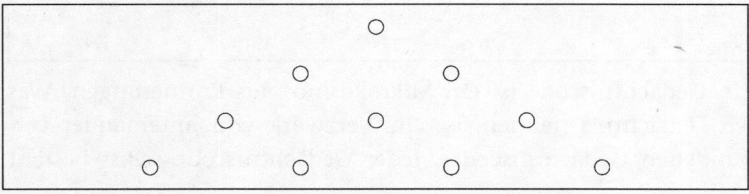

Wir sehen eine Pyramide. Doch in der Welt außerhalb unseres Kopfes gibt es diese Pyramide nicht. Sie existiert nur in unserem Kopf, da wir dort die Linien ziehen, die die Punkte zur Pyramide verbinden.

„Gedächtnis" ist der Name, den wir unserer Sammlung von Erinnerungscodes geben. Doch im Unterschied zu unserer Punktpyramide *ist* das Gedächtnis eine Struktur, denn die Punkte (Codes) sind wirklich miteinander verbunden. Es sind die Verbindungen zwischen den Gedächtniscodes, die die Struktur des Gedächtnisses bilden.

Nehmen wir das Beispiel „Katze". In meinem Kopf gibt es eine Vielzahl von Informationen zu Katzen. In der Struktur unten habe ich lediglich ein paar Informationen ausgewählt, um einen Eindruck von Gedächtniscodes zu geben und zu zeigen, wie sie miteinander verbunden sind.

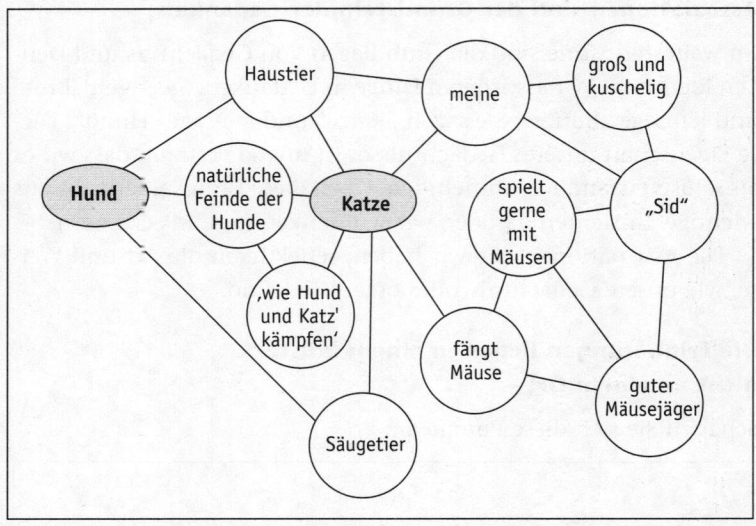

Ein Gedächtniscode ist ein Mikrokosmos aus Erinnerungen. Was wir Gedächtnis nennen, ist ein **Netzwerk** von miteinander verbundenen Gedächtniscodes. Jeder Gedächtniscode selbst besteht aus einer Anzahl von **Teilstücken**, von denen jedes wiederum eine kodierte Information darstellt. So enthält z.B. der Gedächtniscode für „Katze" solche Teilstücke wie „fängt Mäuse" und „Haustier". Ein Gedächtniscode ist also ein Netzwerk.

Wie das Netzwerk funktioniert

Die Trennlinien zwischen den Gedächtniscodes sind unscharf: Denken Sie nur an meinen Gedächtniscode für „meine Katze", der sich mit meinem Gedächtniscode für die allgemeine Vorstellung von „Katze" vermischt. Der Gedächtniscode für „Hund" hat einige Teilstücke mit dem Gedächtniscode für „Katze" gemeinsam. Eine Anzahl von Erinnerungsteilstücken zusammenzufassen und als speziellen Code zu definieren, ist also in gewissem Maße eine ziemlich willkürliche Handlung.

Wenn ein bestimmtes Gedächtnisteilstück **aktiviert** ist, erstreckt sich die Aktivierung über alle Verbindungen, die dieses Teilstück hat. Die Stücke, die zum selben Gedächtniscode gehören, sind üblicherweise sehr eng miteinander verbunden. Auch wenn nur ein kleiner Teil des Gedächtniscodes angesprochen wird, ist trotzdem gleich der ganze Code aktiviert. Andere Gedächtniscodes sind möglicherweise mit diesem Code verbunden (so wie „Hund" und „Katze" in unserem Beispiel). Je nachdem wie stark die Verbindungen sind, werden die anderen Codes ebenfalls aktiviert.

Dies ist also ein Grundprinzip von Gedächtnis und Denken: das **Domino-Prinzip.** Ist ein Gedächtniscode aktiviert, werden viele andere ebenfalls angeregt.

Es ist ohne Bedeutung, ob sich die Verbindungen physisch nahe stehen. Wenn wir von „naheliegenden" oder „fernen" Verbindungen sprechen, so ist das im übertragenen Sinne gemeint. Auch die Teilstücke eines Codes müssen nicht räumlich beieinander liegen.

Grundprinzipen, nach denen das Gehirn arbeitet:

- Das **Code-Prinzip**: Erinnerungen werden ausgewählt und bearbeitet, um Erfahrungen zu repräsentieren, nicht um sie zu reproduzieren.
- Das **Netzwerk-Prinzip**: Das Gedächtnis besteht aus Verbindungen zwischen zusammengeschalteten, assoziierten Codes.
- Das **Domino-Prinzip**: Die Aktivierung eines Codes löst damit verbundene Codes aus.

Kodieren und Abrufen

„Sich erinnern" besteht aus zwei groben Prozessen:

➡ Informationen eingeben
➡ Informationen abrufen.

Informationen abspeichern bedeutet, die Informationen in einen Gedächtniscode umzuwandeln; daher der Begriff **enkodieren** oder einfach **kodieren**. *Informationen zurückgewinnen* nennt man **abrufen**.

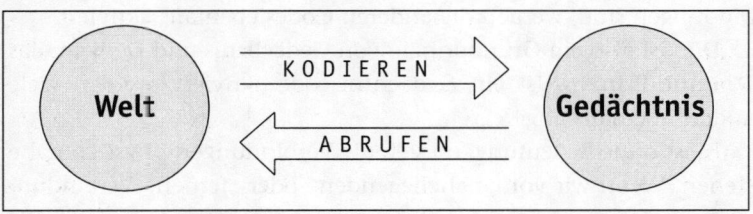

Kodieren und Abrufen sind wie die beiden Seiten einer Medaille oder die beiden Seiten einer Tür. Wie wir die Information später wieder abrufen wollen, beeinflusst bereits ihre Kodierung (das haben wir bei meiner Erfahrung mit den Briefen und dem Biblio-

theksbuch gesehen). Darüber hinaus beeinflusst die Art der Kodierung, wie rasch die Informationen später wieder abgerufen werden
können.

> **Der Schlüssel zur Erinnerung liegt im Schaffen
> von leicht auffindbaren Codes.**

Ein bekanntes Beispiel: Wir können ein uns bekanntes Gesicht
nicht einordnen, weil wir das Gesicht am „falschen" Ort wieder
treffen. Vielleicht ist es der Tankwart von der Tankstelle um die
Ecke. Egal wie oft Sie ihn gesehen haben, wenn Sie ihn niemals
außerhalb der Tankstelle zu Gesicht bekommen haben, werden Sie
ihn vielleicht nicht zuordnen können, wenn Sie ihn das erste Mal
am „falschen" Ort treffen. Und je mehr sich dieser Ort vom ursprünglichen Kontext unterscheidet, desto schwieriger wird es sein,
die benötigte Information abzurufen. Wenn Sie ihn etwa in einem
Geschäft in der Nähe der Tankstelle treffen, wird es nur kurz dauern, bis Sie die Verbindung herstellen. Doch wenn Sie ihn in einem
vollkommen unerwarteten Zusammenhang sehen – etwa im Urlaub in einer anderen Stadt – können Sie Stunden oder gar Tage dazu brauchen (vielleicht auch bis Sie ihn in der gewohnten Umgebung wieder sehen).

Der Grund dafür ist, dass die Information über diese bestimmte
Person (*Tankwart von der Tankstelle um die Ecke*) unter einer bestimmten Ortsbezeichnung (*Tankstelle um die Ecke*) kodiert wurde.
Tankstelle um die Ecke wird Sie am schnellsten zum *Tankwart von der
Tankstelle um die Ecke* führen. *Um die Ecke* wird möglicherweise
rasch zur *Tankstelle um die Ecke* und genauso schnell wird *Tankstelle* zur *Tankstelle um die Ecke* führen. Doch wenn Sie keinen Code
finden, der Sie zur Tankstelle um die Ecke führt, dann werden Sie
sich nicht daran erinnern, wem dieses vertraute Gesicht gehört.

Falls andererseits der Tankwart zu Ihrem Tennisclub gehört, wird
auch Ihr Gedächtniscode für diese Person individueller sein. Nicht
nur *Tankwart von der Tankstelle um die Ecke*, sondern *Tom, der an der*

Tankstelle arbeitet und in meinem Tennisclub spielt. Ihr Gedächtniscode in diesem Fall ist spezifischer und nicht nur von Ort oder Funktion bestimmt. Deshalb ist es auch viel wahrscheinlicher, dass Sie ihn außerhalb des gewohnten Umfelds zuordnen können.

Wenn Sie jemanden, dem Sie ständig nur in einem bestimmten Zusammenhang begegnen, zuverlässig erkennen möchten, müssen Sie einen Gedächtniscode entwickeln, der seine individuellen Besonderheiten berücksichtigt.

Sie schaffen Ihr Gedächtnis immer wieder selbst. Wenn Sie das, was Sie suchen, nicht finden, wenn Sie sich nicht „erinnern" können, liegt die Ursache in der Art, wie Sie den Gedächtniscode aufgebaut haben.

> **Um einen Gedächtniscode aufzubauen, den Sie auch**
> **wieder finden können, müssen Sie wissen,**
> **wonach Sie irgendwann suchen werden.**

Auf einen Blick

sind ausgewählte Informationseinheiten	werden von Ihnen geschaffen
Gedächtniscodes	
sind in einem Netzwerk miteinander verknüpft	lösen einander aus

Die wichtigsten Punkte

Das Gedächtnis ist ein Code, *kein* Mitschnitt.

Gedächtniscodes sind in einem Netzwerk miteinander verknüpft. Wenn man einen Code aufruft, werden alle, die mit ihm verknüpft sind, auch aktiviert.

Wie gut Sie sich an Informationen erinnern können, hängt davon ab,

➠ welche Aspekte Sie für Ihren Gedächtniscode auswählen,
➠ auf welche Aspekte Sie das meiste Gewicht legen.

Um einen Gedächtniscode zu kreieren, der problemlos wieder gefunden werden kann, sollten Sie sich stets überlegen, wonach Sie später suchen werden.

3 Den richtigen Code finden

Ein Gedächtniscode ist dann gut, wenn er leicht gefunden werden kann. Was einen guten Gedächtniscode auszeichnet, sind die Verbindungen, die er zu anderen Codes hat, denn nur über seine Verbindungen kann er gefunden werden. Wie leicht das geht, hängt weitgehend von seiner ursprünglichen Kodierung ab.

Die Pfade führen zum Code

Erinnerungen sind Codes, die sich durch die Ankunft von neuen Informationen, neuen Blickwinkeln und Meinungen, verlagern und verändern. Erinnerungen sind nicht in Stein gehauen, sie sind in Sand geschrieben. Doch im Sand können wir Spuren folgen.

Sich erinnern bedeutet, einen bestimmten Code in dem komplexen Netzwerk von Codes, die das Gedächtnis bilden, zu finden. Um zu einem Code zu gelangen, folgen wir einem Pfad.

Denken Sie z.B. noch einmal an den Tankwart, den Sie vielleicht im Urlaub getroffen haben. Wenn Sie die Identität dieses eindeutig bekannten Gesichts lüften wollen, könnten Sie probieren, sich verschiedene Fragen zu stellen:

Habe ich diese Person kürzlich getroffen? Ja
Sehe ich ihn regelmäßig? Ja
Hat er mit meiner Arbeit zu tun? Nein
Hat er mit den Kindern zu tun? Nein
Lebt er in der Nähe? Nein
Arbeitet er in einem Geschäft? Ja
Bäcker? Nein
Verkäufer im Supermarkt? Nein
Tankwart? Ja!

> **Eine effektive Suche folgt einem
> sinnvollen Pfad.**

Ein sinnvoller Pfad braucht einen guten Ausgangspunkt

Suchbegriffe lösen Aktivitäten im Gedächtnis aus

Sie können natürlich auch einen ganz falschen Pfad wählen, indem Sie z.B. die Frage, ob die Person eine Verbindung zu Ihren Kindern hat, bejahen. Die Fragen, die unseren Weg definieren – die Informationsstücke, die unsere Erinnerung in Gang bringen –, nennt man **Abrufhilfe** oder **Suchbegriffe**. Ob Sie sich erfolgreich erinnern, hängt vollkommen davon ab, wie gut diese Begriffe sind.

> **Erfolgreiches Erinnern hängt von guten
> Suchbegriffen ab.**

Stellen Sie sich vor, Sie sollen so viele Länder wie möglich aufzählen. Sie beginnen vielleicht mit Ihrem eigenen Land und gehen dann zu den Nachbarländern über. Danach wird es schon schwieriger. Anfangs werden Sie sich noch an geografische Verbindungen halten und einfach rund um den Globus gehen, doch weil die Länder nicht in einer Reihe liegen, sind Sie an manchen Stellen gezwungen, die Richtung zu ändern. Ihre Strategie wird wahrscheinlich sein, die Kontinente als Suchbegriffe zu verwenden.

Die Reihenfolge, in der Sie vorgehen, zeigt, welche Suchbegriffe für Sie am stärksten sind – welche Kontinente Ihnen am geläufigsten sind. Doch einige Länder gehören nicht eindeutig zu einem Kontinent. Um diese aufzurufen, brauchen Sie andere Suchbegriffe – z.B. „Pazifische Inseln". Andere Länder gehören zu einem Kontinent, doch ihre Verbindung dazu ist ziemlich schwach. An den

Iran denken Sie vielleicht in erster Linie in Verbindung mit seinen Religionsführern und nicht als ein asiatisches Land. Wenn jemand „Pyramide" zu Ihnen sagt, wird zweifellos Ägypten vor Ihnen stehen, doch es könnte sein, dass Sie dieses Land übersehen, wenn Sie an Afrika denken.

> **Der Schlüssel für eine erfolgreiche Suche ist der richtige Wegweiser.**

Übung 3.1

Lesen Sie die folgende Liste mit 28 Wörtern zweimal gründlich durch, dann legen Sie das Buch weg und schreiben auf ein Blatt Papier so viele Wörter, wie Sie davon noch in Erinnerung haben, egal in welcher Reihenfolge.

Rose, Ananas, Strumpfhose, Sofa, Bogenschießen, Lastwagen, Affe, Granatapfel, Kleid, Tennis, Gondel, Krokus, Kommode, Gazelle, Hose, Banane, Bus, Tisch, Segeln, Fuchs, Gänseblümchen, Hut, Schrank, Roller, Softball, Eichhörnchen, Mango, Hyazinthe.

Die 28 Wörter gehören zu sieben verschiedenen Kategorien: Blumen, Früchte, Kleidung, Möbel, Sport, Fahrzeuge und Säugetiere. Schreiben Sie diese Kategorien auf ein anderes Blatt Papier. Probieren Sie nun, wie viele Wörter Sie zu jeder Kategorie abrufen können. Vergleichen Sie diese Anzahl mit Ihrer ersten Liste. Bei den meisten Leuten funktioniert das Abrufen nach Kategorien besser.

Was ist ein guter Wegweiser?

Ich befürchte, es gibt dafür keine allgemeingültige Regel. Gedächtnistrainer neigen zwar dazu, den Ratschlag zu geben, Suchbegriffe sollten lustig oder bizarr sein oder sich reimen, doch die Frage, ob ein Suchbegriff funktioniert, ist nicht so einfach zu beantworten.

Jeder Gedächtniscode kann ein guter Suchbegriff sein. Die Effektivität eines Suchbegriffs kann nur an seinen Ergebnissen gemessen werden.

Ein effektiver Suchbegriff führt problemlos zum anvisierten Gedächtniscode. Die Kategorie „Fahrzeuge" ist ein perfekter Suchbegriff für „Bus" oder „Lastwagen", denn beide sind naheliegende Beispiele aus der Kategorie. Auf „Gondel" kommt man dagegen nicht so schnell, wenn man von „Fahrzeug" ausgeht, obwohl der Begriff eindeutig in diese Kategorie gehört.

> **Ein effektiver Suchbegriff führt auf einem kurzen und viel benutzten Pfad zum Ziel.**

Ihre Fähigkeit Suchbegriffe zu finden ist ausschlaggebend

Ihre Fähigkeit Suchbegriffe zu finden ist entscheidend für Ihren Erinnerungserfolg. Manchmal hat man Glück und bekommt das perfekte Schlüsselwort auf einem Tablett serviert. Meistens ist es jedoch so, dass unser anvisierter Code nicht direkt mit unserem ursprünglichen Suchbegriff verbunden ist. Stattdessen müssen wir einer Spur von miteinander verknüpften Codes folgen. Das erste Stichwort aktiviert die Codes, die direkt damit verbunden sind und diese wiederum aktivieren Codes, mit denen sie in Verbindung stehen. Die Gedächtniscodes, die als Auslöser dienen und weitere Anstöße geben – die Codes zwischen dem ersten Suchbegriff und dem anvisierten Code –, nennt man **sekundäre Suchbegriffe**.

Sie können natürlich auch ein Assoziationsspiel spielen. Das bedeutet, dass Sie passiv beobachten, wie Codes andere Codes auf eine Art und Weise aktivieren, die der Struktur des Gedächtnisses entspricht. Dies ist zwar unterhaltsam, doch es ist kein besonders effektiver Weg, um nach einer bestimmten Erinnerung zu suchen.

Weit effektiver ist es, aktiv Suchbegriffe zu kreieren (**Generierungsstrategie**). Wenn Sie beispielsweise versuchen, die Mitglieder einer geläufigen Gruppe zu rekonstruieren – z.B. Nahrungsmittel – werden Sie erfolgreicher sein, wenn Sie weitere Unterkategorien als zusätzliche Suchbegriffe einsetzen. Beginnen Sie z.B. mit dem Begriff „Früchte", der als sekundärer Suchbegriff dienen kann. Wenn Sie alle Früchte durch haben, können Sie mit „Gemüse" weitermachen und so fort.

Sie können Suchbegriffe, die Sie selbst gebildet haben, meist leichter behalten als solche, die Ihnen vorgegeben wurden, wahrscheinlich, weil sie mehr Bedeutung für Sie haben.

> **Ihre Fähigkeit sekundäre Suchbegriffe zu kreieren, entscheidet darüber, ob Sie die anvisierte Information finden.**

Das Prinzip, das einer effektiven Generierungsstrategie zugrunde liegt, ist, dass potenzielle Ziele *systematisch* anvisiert werden, um zu verhindern, dass dieselben Begriffe immer wieder auftauchen.

Übung 3.2

A. Ihre Versicherung hat angerufen und Ihnen mitgeteilt, dass Ihr Versicherungsschutz erloschen ist, da Sie die Rechnung nicht bezahlt haben. In Ihrem Scheckheft ist die Ausstellung eines Schecks zwar vermerkt, doch Sie können sich nicht erinnern, ob Sie ihn abgeschickt haben. Welche Suchbegriffe helfen Ihrem Gedächtnis auf die Sprünge?

B. Sie sehen ein bekanntes Gesicht im Supermarkt, doch Sie können sich nicht erinnern, woher Sie diese Person kennen. Welche Suchbegriffe können hier hilfreich sein?

C. Sie sehen eine Person, die Sie kennen – Sie wissen, sie ist aus Ihrem Tennisclub –, doch Sie können sich nicht an ihren Namen erinnern. Welche Suchbegriffe helfen Ihrem Gedächtnis weiter?

Wie wichtig ist der Kontext?

Wenn der Schlüssel für eine erfolgreiche Suche der richtige Wegweiser ist, kommt die Frage auf, woher wir denn wissen, welches der richtige Wegweiser ist.

Welchen Weg Sie wählen und welchen Wegweiser Sie als den richtigen ansehen hängt zum größten Teil vom Kontext, vom Zusammenhang ab.

Der Kontext lenkt Ihre Gedanken.

Eine Information, die Sie in einer bestimmten Situation interessant oder wichtig finden, ist Ihnen zu einem anderen Zeitpunkt nicht wert, gespeichert zu werden. Der Kontext bestimmt also, wie Sie die Information erfahren und kodieren, und wie nahe Ihr Speichercode für eine Erfahrung mit einem bestimmten Abrufcode verbunden ist.

Stellen Sie sich z.B. vor, dass Sie ein Konzert besucht haben. Am eindringlichsten an diesem Erlebnis war für Sie, dass Sie wegen Ihres Freundes so spät dran waren, dass Sie die erste halbe Stunde versäumten und schließlich in der Nähe des Eingangs stehen blieben, weil alle guten Sitzplätze weg waren. Außerdem haben Sie wegen dieses ärgerlichen Erlebnisses auch noch ein wirklich tolles Fernsehprogramm verpasst. Zwei Jahre später, wenn Ihr Freund Sie fragt: „Erinnerst du dich noch an das Konzert, bei dem wir in der Pause diese Dame von der Telefongesellschaft getroffen haben?", werden Sie sich an diese Begebenheit höchstwahrscheinlich nicht anhand dieses Suchbegriffes erinnern können. Wenn Ihr Freund dagegen sagt: „Erinnerst du dich an das Konzert, zu dem wir zu spät kamen – du hast dich soo geärgert!", ist dies viel eher ein Auslöser.

Jede Erfahrung enthält eine Fülle von Informationen, aus der wir die Teilstücke auswählen, die uns als Basis für die Kodierung dienen. Der Kontext bringt uns dazu, bestimmten Aspekten mehr Beachtung zu schenken als anderen. Auch die Stimmung, unsere eigenen Gefühle, sind Bestandteil des Zusammenhangs. Und ebenso die Umgebung.

Ein Beispiel: In einem ziemlich theatralischen Experiment lernten zwei Tauchergruppen eine Liste von 40 Wörtern auswendig. Die eine Gruppe lernte sie am Strand, die andere drei Meter unter Wasser. Beim Abfragen der Wörter schnitten die Taucher, die dort befragt wurden, wo sie auch gelernt hatten, besser ab als die, die an irgendeinem anderen Ort abgefragt wurden.

In den meisten alltäglichen Situationen haben wir recht wenig Einfluss auf den Kontext einer Information, die wir kodieren wollen oder zu finden versuchen. In kontrollierten Lernsituationen ist die Möglichkeit dagegen größer, einige dieser Faktoren zu beherrschen.

Beim Lernen für Prüfungen Kontext-Effekte nutzen

➠ Lernen Sie den Stoff für die Prüfung zur gleichen Tageszeit, zu der auch die Prüfung angesetzt ist.

➠ Je mehr Zeit zwischen Ihrer Lernzeit und der Prüfung liegt, desto klarer sollten die Lernabschnitte voneinander getrennt sein. Damit steigt die Chance, dass zumindest ein Lernkontext dem der Prüfung entspricht (hinsichtlich Wetter, Ihrer Stimmung, Tagesform usw.).

➠ Je länger es noch bis zur Prüfung ist, desto unwahrscheinlicher wird es, dass sich Lern- und Prüfungskontext überlappen. Deshalb ist es um so wichtiger, dass sich zwei Lernkontexte maximal voneinander unterscheiden.

➠ Wenn der Prüfungstermin bekannt ist, ist es besser, kurz vor der Prüfung konzentriert zu lernen – es ist dann wahrscheinlicher, dass sich Lern- und Prüfungskontext ähnlich sind (nicht zuletzt hinsichtlich Stimmung und psychischer Verfassung).

➠ Das Pauken kurz vor einer Prüfung hat aber auf lange Sicht wenig Sinn – der Grund dafür ist wiederum der Kontext. Indem Sie Lern- und Abfragekontext möglichst ähnlich gestalten, verbessern Sie Ihre Chance, sich im richtigen Zusammenhang – in der Prüfung – an die Information zu erinnern. Unter anderen Umständen werden Sie jedoch das Wissen nicht so leicht wieder abrufen können, da Ihnen für die Abfrage dann nur diese eine Erfahrung zur Verfügung steht.

Wie gut man sich erinnert, liegt am Grad der Übereinstimmung zwischen Kodierungs- und Abrufkontext (Kontext-Effekt). Erfolgt die Kodierung in mehr als einem Zusammenhang, ist die Chance größer, dass der Abrufkontext ähnlich sein wird. Je mehr Kodierungskontexte bestehen, desto höher sind die Chancen auf einen ähnlichen Abrufkontext, in dem man sich dann leicht erinnern kann.

Der Kontext ist also ein zweischneidiges Schwert. Je ähnlicher der Abrufkontext dem Kontext zur Zeit der Kodierung ist, desto wahrscheinlicher ist es, dass passende Suchbegriffe ausgelöst werden und der Weg, den Sie verfolgen, in die richtige Richtung führt. Wenn sich jedoch Abrufkontext und Kodierungskontext unterscheiden, können Sie auf den falschen Weg geführt werden.

Gesichter und Kontext: Ein Beispiel

Gesichter sind sehr stark am Kontext orientiert. Wenn wir uns daran erinnern wollen, wer jemand ist, ist unser erster Gedanke meist unweigerlich: *Woher* kenne ich diese Person? An eine Person, die Sie nur an einem bestimmten Ort treffen, erinnern Sie sich einfacher (aber nur an diesem Ort).

In einer Studie, die das Wiedererkennen von Gesichtern im Alltag untersuchte, glaubte eine Teilnehmerin lange Zeit, dass eine Person, die sie an zwei verschiedenen Orten getroffen hatte, auch zwei verschiedene Personen sei!

Der Kontext ist also aus zwei Gründen wichtig:

➡ er beeinflusst die Bedeutung, die man der ausgewählten Information beimisst und damit auch die Kodierung,

➡ er kann auch *mit* dem ausgewählten Material kodiert werden und somit für zusätzliche Suchbegriffe sorgen.

> **Der Kontext enthält mögliche Suchbegriffe.**
>
> **Der Kontext kann Sie in die richtige Richtung führen oder Ihnen auch den falschen Weg weisen.**
>
> **Je weniger der Abrufkontext mit dem Kodierungskontext übereinstimmt, desto wichtiger ist Ihre Fähigkeit, Suchbegriffe zu schaffen.**

Der Kurs bestimmt Ihren Weg

Wir brauchen einen Führer auf der Suche nach der Erinnerung, weil (a) Wege sehr lang sein können und weil es (b) in unserem Gedächtnis so viele Wege gibt.

Während Kontextinformationen Ihre Suche schon in gewissem Maße führen, brauchen Sie noch etwas, das Ihnen abzuschätzen hilft, ob der Weg, den Sie gerade verfolgen, auch zum Ziel führen kann. Die Information, die Sie zur Einschätzung Ihres Weges benutzen, sagt Ihnen auch, ob Sie Ihr Ziel erreicht haben. Diese Information ist in Ihrem *Kurs* enthalten.

Dieser ist es also, der Sie „auf Kurs" hält, Sie vor Abwegen schützt, Ihnen mitteilt, ob Sie einen bestimmten Weg weit genug verfolgt haben, Ihnen bei der Entscheidung zwischen verschiedenen Wegen hilft und Ihnen sagt, wann das Ziel erreicht ist. Deshalb ist es wesentlich, dass Sie Ihren Kurs ganz klar definiert haben.

In den meisten Fällen ist das kein Problem. Normalerweise wissen wir, was wir herauszufinden versuchen. Manchmal glauben wir jedoch, wir wissen, wonach wir suchen, doch der Kurs ist sehr verschwommen. Wenn Sie das Gefühl haben, dass eine Suche immer komplizierter und verwirrender wird, müssen Sie erst einmal Ihren Kurs näher bestimmen.

Der Kurs hat mit dem anvisierten Ziel und mit dem Startpunkt zu tun (erster Suchbegriff), doch er ist weit mehr. Ein Beispiel: Sie hören eine Trompete, die Sie an eine Sängerin erinnert – also werden Sie sich auf die Suche nach ihr machen. Die Trompete ist der erste Suchbegriff; Ella Fitzgerald (Sie wissen es zu diesem Zeitpunkt noch nicht) ist das Ziel. Ihr Kurs könnte der Folgende sein: „eine Sängerin, die ich mit einer Trompete assoziiere" – „eine farbige Sängerin, die mit einem berühmten Jazz-Trompeter auftritt" – „eine Afroamerikanerin, die ‚They can't take that away from me' singt, begleitet von einem berühmten farbigen Jazz-Trompeter".

Schätzen Sie Ihren Kurs richtig ein:
- Definieren Sie Ihren Kurs genau, um zu beurteilen, ob Sie auf dem richtigen Weg sind.
- Je genauer Sie ihn bestimmen können, desto besser werden auf Ihr Ziel zusteuern können.
- Je klarer Ihr Kurs ist, desto mehr Informationen beinhaltet er und desto mehr Suchbegriffe können Sie ableiten.
- Je klarer Sie Ihren Kurs umreißen können, desto schneller und präziser können Sie beurteilen, ob Sie Ihr Ziel erreicht haben.

Wie genau der Kurs definiert ist, hängt davon ab, wie viele Informationen durch das erste Stichwort augelöst werden.

Je klarer Ihr Kurs, desto besser wird er Sie zum Ziel führen. Der Grund: Sie haben mehr Informationen über Ihr Ziel. Dies generiert für Sie um so mehr sekundäre Suchbegriffe, die Ihnen dann auf den richtigen Weg verhelfen.

Übung 3.3

A. Kurs: *Ich will mich erinnern, ob ich den Scheck für die Autoversicherung abgeschickt habe.* Welche Suchbegriffe sind in diesem Satz enthalten?

B. Kurs: *Ich will mich erinnern, ob ich den Scheck für die Autoversicherung mit dem Scheck für den Installateur am Montag abgeschickt habe.* Welche Suchbegriffe sind in diesem Satz enthalten?

C. Kurs: *Ich will mich erinnern, ob ich den Scheck für die Autoversicherung mit dem Scheck für den Installateur in den Briefkasten an der Ecke geworfen habe, als ich am Montag nach dem Kaffee trinken daran vorbei ging.* Welche Suchbegriffe sind in diesem Satz enthalten?

Welcher Kurs bringt Ihnen am ehesten die Erinnerung zurück, ob Sie den Scheck abgeschickt haben?

Die Grundlagen des Abrufens

Erinnerungen sind Codes, die in einem Netzwerk miteinander verbunden sind. Will man sich einen Code bewusst machen, dann muss er aktiviert werden. Die einzelnen Codes sind miteinander verbunden und aktivieren sich gegenseitig. Um einen bestimmten Code zu finden, müssen Sie den Verbindungen der einzelnen Codes folgen.

Theoretisch kann jeder Code von jedem anderen Code aus gefunden werden, doch die „Entfernung" (die Anzahl der Verbindungen) zwischen ihnen kann so groß sein, dass Sie jegliches Interesse daran verloren hätten, bis Sie Ihr Ziel erreichen. In der Praxis müssen Sie also einen Code finden, der sehr dicht an Ihrem Ziel liegt. Sich erinnern bedeutet also nicht in erster Linie, sofort den richtigen Weg einzuschlagen, sondern liegt in Ihrer Fertigkeit Codes zu finden und zu erkennen, die eng mit den gewünschten Erinnerungen verknüpft sind – Codes, die gute Suchbegriffe sind.

Ob der erste Suchbegriff einen Gedächtniscode anspricht, der eng mit Ihrem Ziel verbunden ist, hängt zum Großteil vom Kontext ab – ob der Kontext, in dem Sie sich zu erinnern versuchen, viel von der gleichen Information enthält wie der Kontext, in dem Sie sie ursprünglich kodiert haben. Je weniger die Kontexte übereinstimmen, desto mehr sind Sie gefordert, über mögliche Suchbegriffe nachzudenken. Wenn Sie über eine spezielle systematische Strategie verfügen, um Suchbegriffe zu finden, haben Sie natürlich bessere Karten, an die Information zu gelangen.

Abrufstrategien

Abrufstrategien basieren alle auf dem Grundprinzip des systematischen Erzeugens von möglichst vielen Suchbegriffen. Eine bekannte Strategie ist die **alphabetische Suche**. Dabei versuchen Sie sich an ein Wort oder einen Namen zu erinnern, indem Sie das Alphabet durchgehen, und schauen, ob ein Buchstabe eine Erinnerung anspricht. Der Vorteil dieser Methode ist, dass das Alphabet ein narrensicherer Weg ist, um systematisch vorzugeben.

Übung 3.4

Um die Effektivität dieser Strategie zu demonstrieren, schauen Sie sich die folgende Länderliste an. Verdecken Sie dabei zunächst die Anfangsbuchstaben der Hauptstädte. Streichen Sie die Länder heraus, von denen Sie spontan die Hauptstadt wissen, sowie die, deren Hauptstadt Sie sicher *nicht* wissen.

Gehen Sie nun die restlichen Länder systematisch nach Alphabet durch und suchen Sie nach den Anfangsbuchstaben der Hauptstädte. Wenn Sie auf einen Buchstaben stoßen, der Ihnen richtig erscheint, schreiben Sie ihn auf um zu sehen, ob er Sie zum Namen der Hauptstadt führt.

Land	Erster Buchstabe der Hauptstadt
Albanien	T
Belgien	B
Chile	S
Dänemark	K
Ecuador	Q
Fiji	S
Ghana	A
Irak	B
Jamaica	K
Kenia	K
Libanon	B
Mongolei	U
Nigeria	L
Oman	M
Pakistan	I
Syrien	D
Taiwan	T
Ungarn	B
Uruguay	M
Vietnam	H

Decken Sie jetzt die Anfangsbuchstaben auf und schauen Sie, wie viele von den restlichen Hauptstädten Sie nun finden.

Eine andere verbreitete Erinnerungsstrategie ist, eine Person oder ein Ereignis **zeitlich** oder **räumlich** einzuordnen. Dieser Strategie fehlt der Vorteil einer formalen Struktur, wie sie die alphabetische

Suche ermöglicht. Doch eine zeitliche und räumliche Suche bringt eine gewisse Struktur mit sich, die sicherstellt, dass Suchbegriffe weder wiederholt noch ausgelassen werden.

Wenn Sie sich daran erinnern können, wo Sie eine Person normalerweise sehen oder wo Sie sie schon einmal getroffen haben, haben Sie eine gute Chance an die entsprechende Erinnerung zu gelangen.

Um die Person räumlich einzuordnen, müssen Sie verschiedene Zusammenhänge ausprobieren: Der Supermarkt? Das Büro? Die Bibliothek? Die Tankstelle? Die Musikgruppe Ihres Kindes? Schule? Freunde? Und so weiter. Fangen Sie mit dem Ihrer Meinung nach wahrscheinlichsten Ort an und gehen Sie allmählich, wenn nötig, auch zu weniger wahrscheinlichen Kontexten über.

Um sicher zu gehen, dass Suchbegriffe systematisch abgefragt werden, brauchen Sie eine Struktur, an die Sie sich halten können. Eine hierarchische Struktur nach Kategorien eignet sich sehr gut dazu:

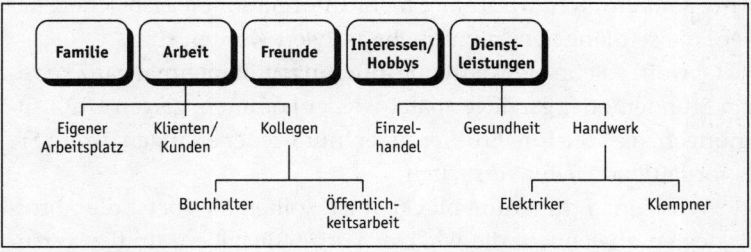

Diese Struktur ist natürlich eher beispielhaft als umfassend. Alle Personengruppen, die Sie kennen, genauer zu spezifizieren, würde den Rahmen hier sicherlich sprengen. Es ist für Sie aber nützlich, eine eigene, persönliche Struktur zu erstellen, die etwas ausgefeilter ist als unser Beispiel hier. Sie müssen dafür nicht bis ganz nach unten gehen und jede einzelne Person auflisten. Wenn Sie die ersten beiden Stufen Ihrer Suchstruktur bestimmt haben, und zwar so, dass Sie Ihnen vertraut und natürlich vorkommt, können Sie sich bei jeder künftigen Suche getrost an diese Struktur halten. Sie wird effektiv sein, weil sie (a) systematisch ist (sie bewahrt Sie vor wiederholten Sackgassen) und weil sie (b) umfassend ist (wenn Sie als Stichwort „Dienstleistungen: Gesundheit" haben, werden Sie auch Ihren Physiotherapeuten nicht vergessen).

Es gibt anscheinend immer nur eine begrenzte Anzahl von Reaktionen auf jeden Suchbegriff. Eine effektive Generierungsstrategie erschließt deshalb immer sehr viele Suchbegriffe.

„Es liegt mir auf der Zunge!"

Psychologische Studien legen den Schluss nahe, dass wir auf mentale Blockaden stoßen, wenn wir versuchen eine Information abzurufen, die wir lange Zeit nicht benutzt haben, früher jedoch stets präsent hatten. Solche Blockaden erlebt man, wenn man sicher ist, dass man etwas weiß, aber man kommt partout nicht darauf. Diese Studien erklären, warum wir mit zunehmendem Alter immer mehr Gedächtnissperren haben – nicht, weil unser Gedächtnis schlechter wird, sondern, weil wir immer mehr Informationen gespeichert haben, die seit längerem nicht mehr aktiviert worden sind.

Obwohl solche blockierten Erinnerungen manchmal ganz spontan Stunden oder gar Tage später wieder kommen, zeigen Untersuchungen, dass Sie Ihre Erinnerungen nur wieder erlangen, wenn Sie es fortlaufend weiter versuchen.

Wenn eine Erinnerung blockiert ist, sollten Sie zuerst die Abrufstrategien anwenden, die wir hier vorgetellt haben, und so versuchen, ein passendes Abrufstichwort zu finden. Wenn die Erinnerung nach etwa einer Minute noch immer blockiert ist, ist es besser, erst einmal gar nichts zu tun – lassen Sie es einfach ruhen. Tun Sie etwas anderes. Und nach einer Stunde probieren Sie es noch einmal.

Erfolgreiches Abrufen basiert auf effektiver Kodierung

Um einen anvisierten Code zu finden, brauchen wir einen Code, der eng mit diesem Ziel verbunden ist. Je mehr Wege zum Ziel führen, desto größer sind natürlich unsere Chancen, einen effektiven Weg zu finden. Es gibt jedoch ein Problem mit dieser einfachen Regel. Alle Wege mögen zwar nach Rom führen, doch wenn Sie von Rom aus nach Venedig wollen, wird Ihnen das dann helfen, den richtigen Weg zu finden? Im Gegenteil, es wird um so schwieriger, eine bestimmte Straße zu finden, die aus der Stadt *hinaus* führt, je mehr Straßen in die Stadt *hinein* führen.

Hier ist eine vereinfachte Darstellung eines vernetzten Gedächtniscodes. Wie Sie sehen, hat der Zielcode fünf Verbindungen zu anderen Gedächtniscodes, doch jeder der fünf Codes, die mit dem Ziel verbunden sind, hat eine unterschiedliche Anzahl von Verbindungen zu anderen Gedächtniscodes. Wird der Gedächtniscode, der nur eine Verbindung hat, aktiviert, so führt er natürlich sofort zum Ziel. Wenn andererseits der Code mit fünf Verbindungen aktiviert wird, stehen Ihre Chancen, sofort den richtigen Weg zu erwischen, eins zu fünf (dies nennt man auch den *Fächer-Effekt*).

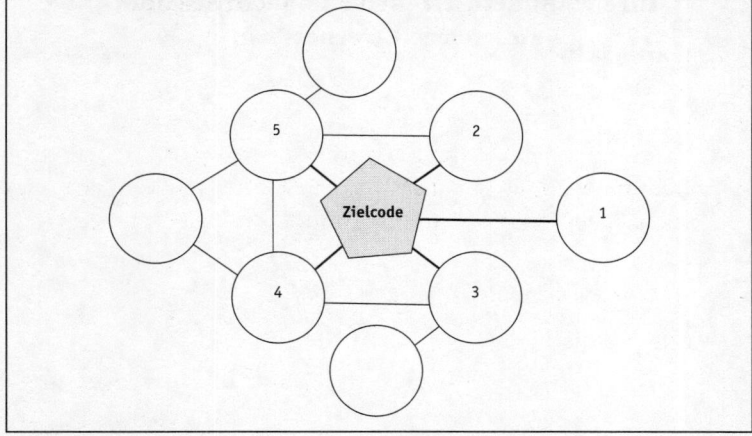

Je mehr mögliche Suchbegriffe ein Gedächtniscode hat (je mehr Codes mit ihm verbunden sind), desto höher ist Ihre Chance, ihn zu finden. Doch je mehr Verbindungen ein Suchbegriff hat, desto schwieriger wird es, die richtige Verbindung zu finden.

> **Um gut gefunden zu werden, muss ein Gedächtniscode fest mit einem Suchbegriff verbunden sein, der wiederum nur wenige feste Verbindungen hat.**

Ein effektiver Suchbegriff

- ist eng mit dem Zielcode assoziiert
- enthält Informationen, die selbst nur mit wenigen anderen Codes in Ihrem Netzwerk assoziiert sind

Der Schlüssel für Ihre Erinnerungen liegt in der Art und Weise, wie Sie sie kodiert haben. Deshalb gibt es auch nur so wenige wirklich effektive Abruf-Techniken, die man beispielsweise in einem Kurs vermittelt bekommen könnte.

> **Um Ihr Erinnerungsvermögen zu steigern, müssen Sie Ihre Fähigkeit, effektive Gedächtniscodes zu kreieren, verbessern.**

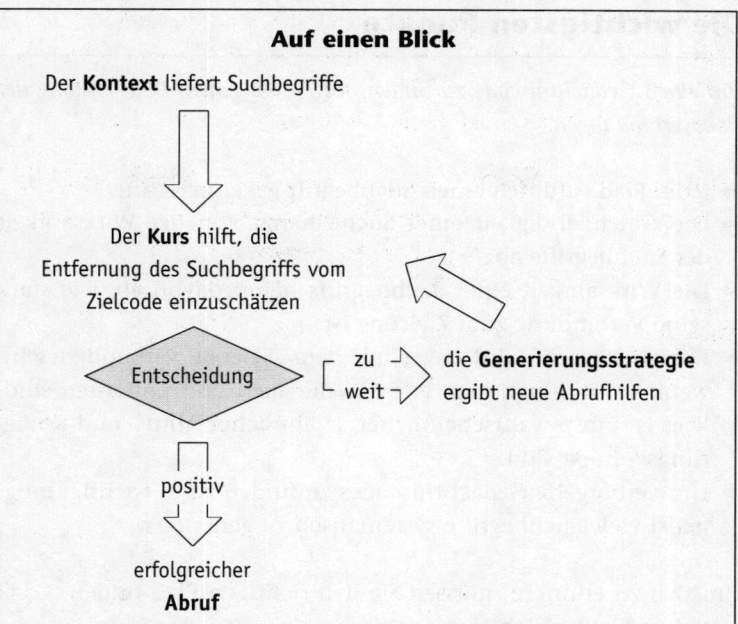

Auf einen Blick

Der **Kontext** liefert Suchbegriffe

Der **Kurs** hilft, die
Entfernung des Suchbegriffs vom
Zielcode einzuschätzen

Entscheidung — zu weit → die **Generierungsstrategie** ergibt neue Abrufhilfen

positiv

erfolgreicher
Abruf

Die wichtigsten Punkte

Um einen Gedächtniscode zu finden, folgen wir einem Pfad entlang der Codeverbindungen.

➡ Jeder Pfad ist durch einen Suchbegriff gekennzeichnet.

➡ Die Geschwindigkeit einer Suche hängt von der Wirksamkeit der Suchbegriffe ab.

➡ Die Wirksamkeit eines Suchbegriffs hängt davon ab, wie stark seine Verbindung zum Zielcode ist.

➡ Der Suchbegriff wird enger mit dem Zielcode verbunden sein, wenn er Informationen enthält, die auch dort enthalten sind. Dies ist umso wahrscheinlicher, je ähnlicher Abruf- und Kodierungskontext sind.

➡ Um verborgene Gedächtniscodes zu finden ist es wichtig, möglichst viele Suchbegriffe systematisch zu generieren.

Um sich zu erinnern, müssen Sie den richtigen Pfad finden. Dazu brauchen Sie den richtigen Wegweiser.

4 Durch Gruppierung Sinn-zusammenhänge aufbauen

Effektive Gedächtniscodes haben feste Verbindungen mit anderen Gedächtniscodes. Je mehr feste Verbindungen ein Code hat, desto leichter kann er gefunden werden. Die Stärke einer Verbindung hängt davon ab, wie oft sie aktiviert wurde und wie lange dies zurück liegt. Die Anzahl der Verbindungen eines Codes wird bestimmt von Ihrem Wissen und Verständnis, und bestimmt diese wiederum im Gegenzug. Informationen sind am besten in kleinen, fest gefügten Gruppierungen organisiert; durch eine gemeinsame Gruppenbezeichnung bilden sie eine integrierte Einheit, so dass ihnen ein eindeutiges Identifizierungsetikett und ein unverwechselbarer Abrufbegriff zugeordnet werden können.

Gedächtniscodes zugänglich machen

Ein Gedächtniscode ist effektiv, wenn er *abrufbar* oder *zugänglich* ist.

Unser Leben ist voll von gleichen Ereignissen, gleichen Menschen, gleichen Abläufen. Wir benutzen unsere Erinnerungen ständig und sind uns ihrer doch größtenteils nicht bewusst. Gedächtniscodes, die wir häufig gebrauchen, sind leicht zugänglich – eben weil wir sie häufig aktivieren. Je öfter ein Gedächtniscode angesprochen wird, desto stärkere Verbindungen entwickelt er. Mit jedem Mal, die eine Verbindung benutzt wird, wird sie stärker.

Die Stärke einer Verbindung hängt davon ab, wann sie zuletzt verwendet wurde. Auch wenn man eine Verbindung zu einer bestimmten Zeit häufig genutzt hat, rostet sie ein bisschen ein, wenn sie längere Zeit nicht aktiviert wird. Haben Sie dagegen eine Verbindung nur ein- oder zweimal benutzt, dies aber erst vor fünf Minuten, werden Sie kein Problem haben sie zu finden.

Die Stärke einer Verbindung wird also von zwei Faktoren bestimmt: der *Häufigkeit* und der *Neuheit* seiner Nutzung. Je häufiger ein Code aktiviert wurde, desto wahrscheinlicher ist es, dass er auch in Zukunft angesprochen wird, eben weil er so leicht ins Gedächtnis gerufen werden kann. Daran liegt es auch, dass unser Gedächtnis „Spurrillen" entwickelt – Wege, die wir unwillkürlich einschlagen, auch wenn kein Grund dafür vorliegt.

> **Ein Gedächtniscode wird durch jedes neue Ansprechen gestärkt.**
>
> **Ein Gedächtniscode wird gestärkt, wenn er mit häufig angesprochenen Codes verbunden ist.**

Doch die Abrufbarkeit eines Codes hängt nicht nur von seiner Stärke ab. Sie haben jede Menge Gedächtniscodes, die schnell verfügbar sind. Wenn es nur auf die Stärke eines Gedächtniscodes ankommt, warum verwechsle ich dann nicht meinen Kühlschrank mit meinem Sofa? Warum rufe ich meinen Sohn nicht beim Namen unseres Kaninchens?

Doch ich rufe manchmal den einen Sohn mit dem Namen des anderen und sage manchmal zu unserem neuen Kaninchen den Namen des alten. Warum werden manche Codes versehentlich ausgelöst und andere geraten nie durcheinander? Der Grund liegt wohl im Zusammenspiel zwischen Code und Suchbegriff.

> **Ein Code wird ins Bewusstsein gerufen, wenn zwei Faktoren zusammen kommen:**
> **Der Code hat starke Verbindungen und der Suchbegriff stimmt mit Teilen des Codes überein.**

Um einen Gedächtniscode zugänglich zu machen, müssen Sie deshalb einen neuen Code mit einem bestehenden verbinden, der geeignet ist (wo Sie zuerst nachschauen würden) und stark (oft aktiviert und deswegen leicht zu finden). Je besser Ihre Verbindungen sind (viele passende Verbindungen, starke Codes, eine große Anzahl von starken Codes), desto leichter werden Sie die neu kodierte Erinnerung finden.

Die Zugangsprinzipien

Wie zugänglich ein Gedächtniscode ist, wird bestimmt durch:

- den **Häufigkeits-Effekt**: Je öfter ein Code angesprochen wurde, desto leichter wird er wieder gefunden.
- den **Neuigkeits-Effekt**: Ein erst kürzlich angesprochener Code wird leichter gefunden.
- den **treibenden Effekt**: Ein Code wird leichter gefunden, wenn mit ihm verbundene Codes erst vor kurzem abgerufen wurden.
- den **Übereinstimmungs-Effekt**: Ein Code wird umso leichter gefunden, je mehr die Suchbegriffe mit ihm übereinstimmen.

Wenn Sie sich z.B. an den **treibenden Effekt** erinnern möchten – an seinen Namen und seine Bedeutung –, dann sollten Sie ihn nicht nur mit den anderen Zugangsprinzipien verbinden, sondern auch mit Information, die Ihnen bereits vertraut ist und die der neuen Informationen eine Bedeutung hinzufügen. Es gibt mehrere, miteinander verbundene Bedeutungen des Begriffs „treiben", die wichtig für seinen Gebrauch in diesem Zusammenhang sind: eine Pumpe betreiben, sich treiben lassen, eine Person antreiben. In all diesen Zusammenhängen bedeutet der Begriff, dass etwas oder jemand von außen dazu gebracht wird, etwas zu tun.

Der *treibende Effekt* ist bedeutungsvoll mit einem anderen Prinzip verbunden, das wir bereits besprochen haben: das *Domino-Prinzip*. Und das ist sehr stark mit dem *Neuigkeits-Effekt* verbunden. Wenn Sie die beiden Grundsätze, dass Codes andere Codes anregen (Domino-Prinzip) und Codes leichter gefunden werden, wenn sie erst vor kurzem angesprochen wurden (Neuigkeits-Effekt), mit der Definition von „treibend" als „von außen zu etwas gebracht werden" verbinden, versteht man den treibenden Effekt (ein Code wird durch eine kürzlich erfolgte Aktivierung eines verbundenen Codes angeregt) und erinnert sich gut daran.

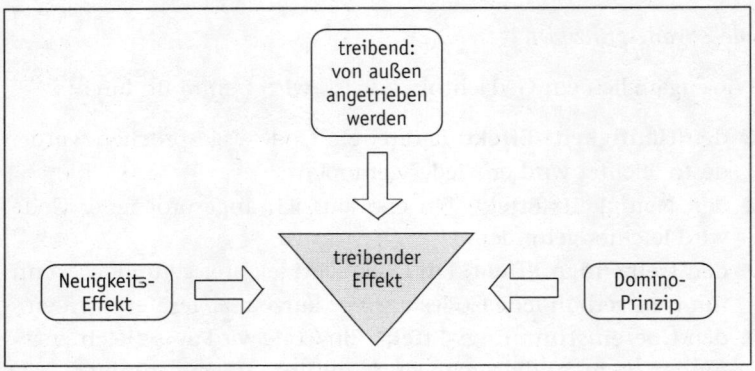

Um neue Codes abrufbar zu machen, müssen sie sinnvoll mit bestehenden starken Codes verknüpft werden.

Treibender Effekt: ein Beispiel

Ein Gesicht zuzuordnen ist einfacher, wenn Sie es erst kürzlich gesehen haben.

Das Zuordnen ist noch einfacher, wenn Sie es im gleichen Winkel sehen und sein Ausdruck gleich ist.

Das Zuordnen wird *nicht* einfacher, wenn Sie vorher den *Namen* erfahren.

Das Zuordnen wird einfacher, wenn Sie ein Gesicht sehen, das in Beziehung zu ihm steht (z. B. Partner/Kind/Geschwister).

Wiederholung

Die Aussage, dass Verbindungen fester sind, wenn sie häufig benutzt werden, führt uns zum bekanntesten Grundsatz aller Gedächtnisstrategien überhaupt. Er ist so geläufig, dass er uns nicht extra beigebracht werden muss. Diese Strategie heißt **Wiederholung**.

Obwohl wir alle wissen, dass Wiederholung wichtig für das Gedächtnis ist, wissen die meisten nicht einmal den Vorteil, den bereits eine einzige Wiederholung bringt, zu schätzen. Eine Studie hat beispielsweise ergeben, dass Menschen, denen eine Liste mit beliebigen Wörtern gezeigt wurde, sich im Schnitt an 27 Prozent der Wörtern erinnerten, die einmal aufgelistet waren, im Vergleich zu 46 Prozent der Wörtern, die zweimal auf der Liste standen.

Am effektivsten ist es, wenn zwischen zwei Wiederholungen andere Informationen zu verarbeiten sind. Der Vorteil von Abständen zeigt sich bereits, wenn nur zwei andere Punkte zwischen den Wiederholungen liegen. Dieser Vorteil verstärkt sich, wenn die Intervalle größer werden (**Abstands-Effekt**). Die effektivste Strategie sind Wiederholungen mit zunehmend größeren Intervallen.

> **Man erinnert sich besser, wenn zwischen den Wiederholungen Abstände liegen.**

Der Abstands-Effekt funktioniert möglicherweise aus den gleichen Gründen, die auch dazu führen, dass wir schneller lernen und uns besser erinnern, wenn wir in unterschiedlichen Kontexten gelernt haben – es gibt einfach mehr mögliche Suchbegriffe. Der Abstands-Effekt steht deshalb in Verbindung mit dem Kontext-Effekt und dem Übereinstimmungs-Effekt.

Abstände zwischen den Wiederholungen sind nicht sehr effektiv, wenn die Wiederholungen sehr dicht aufeinander folgen, da die meisten Menschen sich dann auf die Wiederholung nicht mehr konzentrieren. Die Aufmerksamkeit steigt, wenn die Wiederholun-

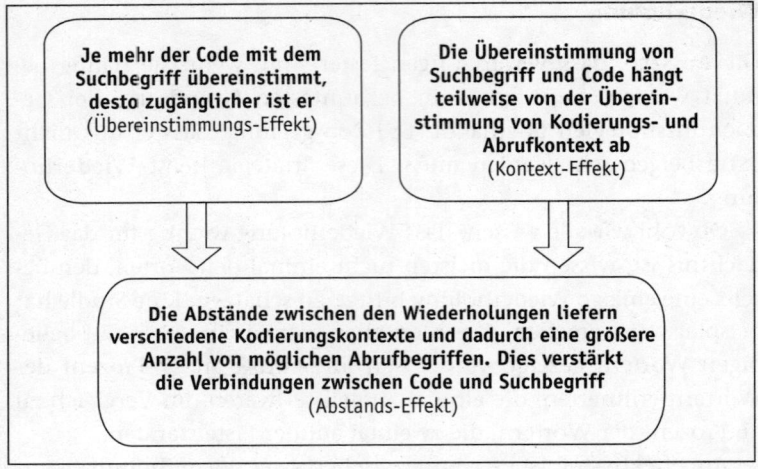

Je mehr der Code mit dem Suchbegriff übereinstimmt, desto zugänglicher ist er (Übereinstimmungs-Effekt)

Die Übereinstimmung von Suchbegriff und Code hängt teilweise von der Übereinstimmung von Kodierungs- und Abrufkontext ab (Kontext-Effekt)

Die Abstände zwischen den Wiederholungen liefern verschiedene Kodierungskontexte und dadurch eine größere Anzahl von möglichen Abrufbegriffen. Dies verstärkt die Verbindungen zwischen Code und Suchbegriff (Abstands-Effekt)

gen weiter auseinander liegen. Diese Ergebnisse decken sich mit den Beobachtungen unseres gesunden Menschenverstandes – die meisten Menschen sind nicht sehr aufmerksam, wenn ein Wort ständig wiederholt wird. Doch wenn sie eine Liste auswendig lernen und ein Begriff darin irgendwann später wieder auftaucht, werden sie ihn mit hoher Wahrscheinlichkeit bemerken.

Da der Abstands-Effekt eine Variante des Kontext-Effekts ist, können Sie mangelnde Zeit zwischen den Wiederholungen auch durch einen Kontextwechsel ausgleichen. Mit anderen Worten: wenn Sie für Abstand zwischen Ihren Wiederholungen nicht genügend Zeit haben, sollten Sie versuchen, den Kontext zu verändern – entweder räumlich oder indem Sie versuchen, Ihre innere Perspektive zu verändern (deutlich schwieriger).

Verbinden und Gruppieren

Um einen effektiven (zugänglichen) Gedächtniscode zu kreieren, muss eine sinnvolle Verbindung zu bereits bestehenden Codes hergestellt werden. Effektives Kodieren bedeutet deshalb immer auch

Gruppieren. Verbinden und Gruppieren geben der Information ihre Bedeutung.

Beispiele für Gruppierungen

Wenn man Leute nach besonderen Erlebnissen fragt, erzählen sie meistens Ereignisse, die sich alle um ein bestimmtes Thema drehen. Hier einige Beispiele (aus einer Studie von *Barsalou*):

1. Ich war mit einem Freund schwimmen bei Red Oaks.
   Ich war an der University of Hartford schwimmen, weil mein Bruder dort das Sommersemester verbrachte.
   Ich ging zum Baggersee.

2. An einem Tag gingen wir auf den Rummelplatz.
   Mein Bruder... brachte seine Freundin mit... Ich brachte meinen Freund mit... Mein Vater und meine Mutter kamen auch mit.
   Es war sehr schön. Wir fuhren mit allen möglichen Karussels. Wir sahen uns eine Zirkusvorstellung an. Wir verbrachten fast den ganzen Tag dort.

Ereignisgruppen können durch eine bestimmte Aktivität (z.B. schwimmen), ein bestimmtes Ereignis (auf den Rummelplatz gehen), eine Zeit, einen Ort oder die Personen, die daran beteiligt waren, organisiert werden.

Begriffe werden auf Grund von Gemeinsamkeiten, von gemeinsamen Eigenschaften zusammengefasst. Die Beziehungen zwischen den Begriffen geben diesen einen Sinn, doch der Sinn kann genauso – und das in einem noch größeren Ausmaß – von einem **Thema** abhängen. Eine sinnvolle Gruppierung steht unter einem Oberbegriff, der die einzelnen Komponenten zusammenfasst. Dieses Thema ist der Klebstoff, der die Gruppierung zusammen hält.

Wenn Ihnen bespielsweise ein Freund erzählt, dass er ein neues Auto gekauft hat, einen Toyota Corolla, haben Sie wahrscheinlich kein Problem sich zu merken, dass er ein neues Auto hat. Doch wenn Sie sich nicht besonders für Autos interessieren, werden Sie wahrscheinlich vergessen, dass es sich um einen Toyota Corolla handelt. Wenn Sie dagegen noch jemanden kennen, der einen Toyota Corolla hat, wird eine zusätzliche Verbindung entstehen, die die Wahrscheinlichkeit, dass Sie sich daran erinnern, erhöht.

Sehen Sie sich dazu dieses Schema eines Gedächtnisnetzwerks an. Es zeigt drei Gruppen von Gedächtniscodes und jede enthält Informationen, die Sie für drei verschiedene Personen abgelegt haben. Doch mit dem Hinzukommen einer neuen Information (C hat auch einen Toyota Corolla) erhält der Besitz dieses speziellen Autos

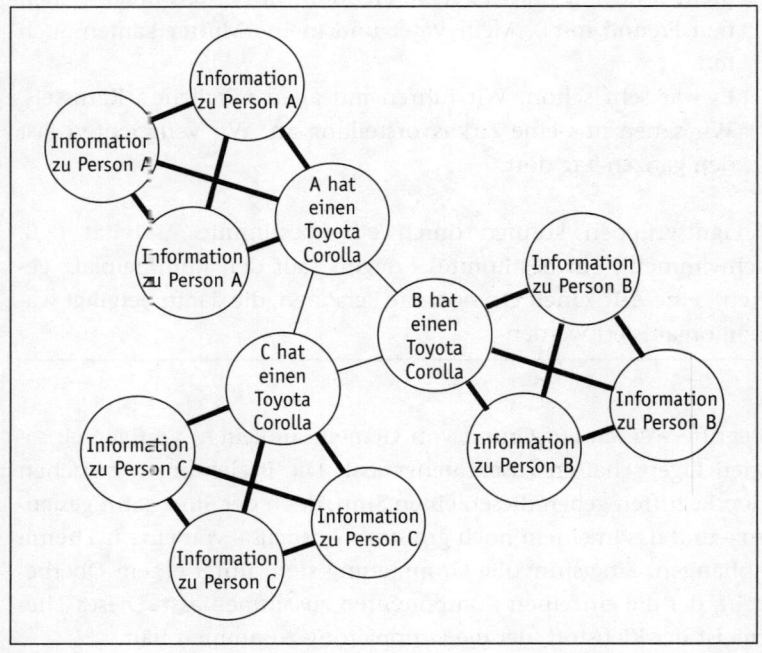

mehr Aufmerksamkeit. Sie bemerken plötzlich, dass drei Ihrer Freunde einen Toyota Corolla besitzen und Sie stellen Verbindungen zwischen diesen Gedächtniscodes her. Der Besitz eines Toyota Corolla hat eine größere Bedeutung erhalten.

Wenn nun eine andere Information mit diesen Codes verbunden wird (vielleicht etwas, was Sie kürzlich über diesen Autotyp gelesen haben oder Sie wollen sich vielleicht selbst ein neues Auto kaufen), bekommt „Toyota Corolla" eine noch größere Bedeutung und die Codes werden thematisch verbunden. Es entsteht eine Gruppe.

> **Information hat nur dann Bedeutung, wenn ihre Verbindungen ihr eine Bedeutung verleihen.**
>
> **Eine Gruppierung ist ein Bündel von Codes, denen ein gemeinsames Thema zugrunde liegt.**

Prinzipien effektiver Gruppierung

Im Supermarkt sind verschiedene Artikel zu Gruppen zusammengefasst. Beispiele für diese Gruppen sind Gemüse in Dosen, Obst und Gemüse, Milchprodukte, Tiefkühlprodukte. Doch nicht alle Artikel lassen sich problemlos einer Gruppe zuordnen. Ich weiß z. B. nie, wo ich Ahornsirup finde, denn obwohl ich ihn zu Rübensirup, Zuckersirup, Melasse usw. stellen würde, platziert ihn der Supermarkt bei Eissaucen. Das macht für mich keinen Sinn, da ich nie Ahornsirup auf Eis esse.

Damit haben wir den ersten Grundsatz einer funktionierenden Gruppenbildung:

Bündeln Sie Informationen so, dass es für Sie Sinn macht.

Das heißt nicht, dass Sie es selbst tun müssen. Auch wenn Sie möglicherweise intuitiv der Ansicht sind, dass Sie sich an Informationen, die Sie selbst organisiert haben, besser erinnern können, scheint dies nicht zu stimmen. Wichtig ist lediglich, dass die Gruppierung für Sie *sinnvoll* ist und nicht, wer die Gruppierung vorgenommen hat.

Die Art und Weise, wie Sie Informationen bündeln, hat großen Einfluss darauf, wie Sie sie kodieren und damit auch darauf, wie leicht Sie sie wieder finden. Dies trifft auch für die scheinbar ganz einfache Übung des Merkens einer Telefonnummer zu. Wenn Ihnen jemand seine Telefonnummer mit einer Pause nach jeder Gruppe von zwei, drei oder vier Ziffern nennt, werden Sie diese Gruppen so aufnehmen können (und es ist viel effektiver, als wenn die Ziffern alle gleich betont werden). Doch wenn er die Nummer dann wiederholt, wird es Ihrer Speicherung *nur* nutzen, *wenn die Pausen an der gleichen Stelle sind*.

Mit anderen Worten, 528–3467 ist eine vollkommen andere Nummer als 52–83–467. (Wie oft ist es schon vorgekommen, dass jemand Ihre eigene Telefonnummer gesagt hat und Sie mussten sie erst in Ihrer persönlichen Gruppierung wiederholen, bevor Sie ihre Richtigkeit bestätigen konnten?)

Themen fassen Gruppen zusammen, Etiketten benennen die Themen

Um den Kunden im Supermarkt das Auffinden der Artikel zu erleichtern, sind die Gänge mit den dort befindlichen Produktgruppen beschriftet. Diese Schilder können wir als Themen verstehen, die die wichtigsten gemeinsamen Eigenschaften der einzelnen Gruppen zusammenfassen. Wenn die Schilder diese gemeinsamen

Attribute erfolgreich integrieren, wird die Beschilderung funktionieren. Doch wie wir alle aus persönlicher Erfahrung wissen, sind Schilder nicht immer gelungen.

Warum nicht? Weil der Supermarkt verständlicherweise die Anzahl der Kategorien auf den Schildern klein halten will, und je weiter die Kategorie gefasst ist, desto unwahrscheinlicher ist es, dass allen Einzelteilen unbestreitbar ein gemeinsames Attribut zuzuordnen ist. Um eine Gruppe erfolgreich zu benennen, muss sie aber genau eingeschränkt werden.

Nehmen Sie nur Informationen hinzu, die in der Gruppe fest verbunden werden können. Fragen Sie sich, ob Sie sich ein Wort oder eine kurze Phrase denken können, das auf jedes Informationsstück in dieser Gruppe passt – Wenn nicht, ist die Gruppe nicht genau definiert. Sie enthält Informationen, die nicht hinein gehören.

Je spezifischer das Thema, desto effektiver ist es. Wie gut die Codes einer Gruppe untereinander verbunden sind, zeigt sich in der Spezialisierung der Themen.

Sehen Sie sich die folgenden Gruppen von Aussagen an (aus einer Studie von *Cantor & Engle*):

1. Der Lehrer setzte sich an einen Tisch am Fenster.
2. Der Lehrer las die Speisekarte.
3. Der Lehrer bestellte ein Glas Wasser.
4. Der Lehrer sah in seine Brieftasche.
5. Der Lehrer knabberte an einem Stück Brot.
6. Der Lehrer gab seine Bestellung auf.

Vergleichen Sie die Aussagen mit der folgenden Gruppe:

1. Der Lehrer setzte sich an einen Tisch am Fenster.
2. Der Lehrer las die Speisekarte.
3. Der Lehrer fand, dass die Preise sehr hoch waren.
4. Der Lehrer sah in seine Brieftasche.
5. Der Lehrer entschied, dass er sich ein Steak leisten konnte.
6. Der Lehrer gab seine Bestellung auf.

Beide Gruppen könnten mit dem Thema „Ein Essen im Restaurant" beschrieben werden. Doch die beiden abweichenden Sätze in der zweiten Gruppe verstärken die Integration der Aussagen wesentlich. Die Erhöhung von Anzahl und Stärke der Beziehungen zwischen den einzelnen Aussagen findet in dem spezielleren Thema der zweiten Gruppe ihren Niederschlag: „Die Kosten eines Restaurantbesuchs".

Wenn Sie beide Gruppen auswendig lernen müssten und abgefragt würden, bräuchten Sie länger, um die Sätze aus der ersten Gruppe abzurufen. Würde man noch mehr Aussagen hinzufügen, würden Sie noch länger brauchen, um sich an die Informationen der ersten Gruppe zu erinnern – denn jede einzelne Aussage müsste erst aktiviert und beurteilt werden (*Fächer-Effekt*). Das Abrufen von Informationen aus der zweiten Gruppe würde durch mehr Aussagen jedoch nicht erheblich verlangsamt werden – solange die Aussagen fest verbunden sind.

Gruppenbildung ist also aus folgenden Gründen wichtig:

> **Je mehr Verbindungen ein Code hat, desto länger dauert es, ihn zu abzurufen.**
>
> **Ein Code, der zu einer Gruppe gehört, kann jedoch schneller gefunden werden, auch wenn die Gruppe viele Codes enthält.**

Begrenzen Sie die Informationen innerhalb einer Gruppe

Obwohl es viel einfacher ist, einen Code zu finden, wenn er zu einer Gruppe gehört, können sich die meisten Menschen nur an rund fünf Punkte aus einer Gruppe erinnern. Es ist deshalb besser, Informationen in möglichst kleinen Gruppen zu speichern. Wenn Sie sich beispielsweise 40 Begriffe merken sollen, werden Sie sich an etwa 25 erinnern, wenn Sie sie in fünf Gruppen mit je acht Begriffen gespeichert haben. Doch es könnte sein, dass Sie sich an alle erinnern, wenn Sie sie in acht Gruppen mit je fünf Begriffen ablegen.

**Die Anzahl der Gruppen wirkt sich darauf aus,
an wie viel man sich erinnern kann.**

**Viele kleine Gruppen sind besser als
wenige große Gruppen.**

Gruppen dienen als sekundäre Suchbegriffe – deshalb brauchen sie, um effektiv zu sein, irgendwelche Etikette zur Identifizierung. Diese Schilder drücken das Thema noch einmal eindrücklich aus. Etikette *verankern* damit die Codes in einer Gruppe.

**Gruppen brauchen ein einzigartiges, einheitliches
Etikett, das das Thema zum Ausdruck bringt.**

Bauen Sie Übergruppen auf

Gruppenbildung an sich bedeutet lediglich, die Informationen innerhalb einer Gruppe zu verbinden. Wir müssen jedoch auch die Gruppen miteinander verbinden: eine Gruppe muss zur nächsten führen. Folglich können Sie, wenn Sie sich eine Liste von 40 Begriffen merken sollen und Sie diese in acht Gruppen zu je fünf Begriffen aufgespaltet haben, im Idealfall mit jedem von diesen acht Etiketten (Abrufbegriffe) alle anderen Gruppen aufrufen. Wenn Sie also zwischen *allen* Gruppen starke Verbindungen aufbauen können, haben Sie eine **Übergruppe** erstellt.

Je mehr Verbindungen man zwischen verschiedenen Gruppen aufbauen kann, desto besser ist das Gruppennetzwerk aufeinander abgestimmt und desto sinnvoller wird die Information sein. Erinnern Sie sich daran, dass erst die Verbindungen zwischen den Informationen den Sinn ergeben. Und es sind die Verbindungen – ihre Anzahl und Stärke –, die die Erinnerungen abrufbar machen.

Eine Übergruppe hat also viele potenzielle Suchbegriffe; auf Informationen in einer Übergruppe kann man schnell zugreifen; und eine Übergruppe wird wie ein einzelner Begriff behandelt. Dies ist der Grund, warum der Fächereffekt (langsamer Zugriff, wenn viele Wege zum Gedächtniscode hin und wieder weg laufen) nicht auf Codes in einer Übergruppe zutrifft.

> **Erstellen Sie so viele Verbindungen zwischen den Gruppen wie möglich.**

Warum lernt ein Experte neue Informationen so leicht?

Eine Eigenschaft von Experten ist, dass sie neue Informationen in ihrem Fachgebiet viel leichter erlernen als Anfänger. Der Grund dafür ist, dass das Gedächtnis der Experten ein festes Schema hat – ein eng verbundenes Netzwerk von Übergruppen.

Außerdem sind die Gruppen und Übergruppen der Experten tiefer verankert. Ein Anfänger wird üblicherweise Informationen auf der Basis von oberflächlichen Ähnlichkeiten bündeln, während ein Experte Gruppen nach wesentlichen Prinzipien und Beziehungen zusammenstellt.

Verbindungsmuster

Es ist eine altbekannte Tatsache, dass Erinnerungen leichter abrufbar sind, wenn die Informationen in hierarchischen oder linearen Strukturen organisiert sind. Doch die Organisation in einer Matrix kann weitaus effektiver sein. Vergleichen Sie die folgenden Beispiele, die a) hierarchisch und b) in einer Matrix unterteilt wurden (Beispiel aus einer Studie von *Broadbent, Cooper & Broadbent*):

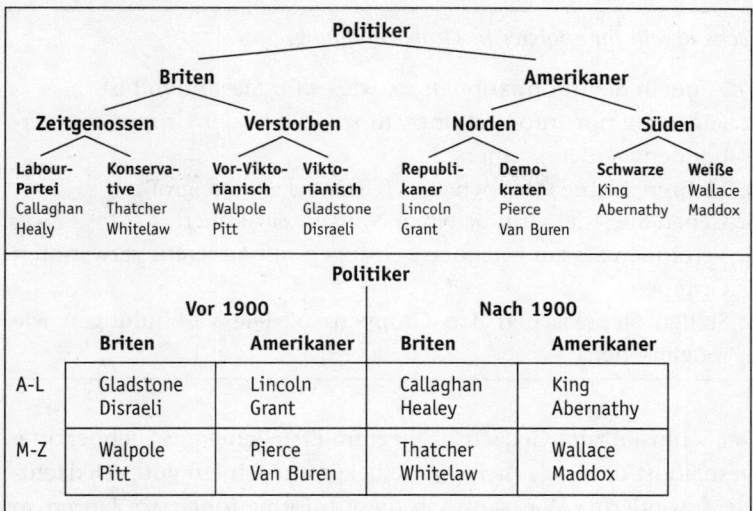

Politiker							
Briten				**Amerikaner**			
Zeitgenossen		**Verstorben**		**Norden**		**Süden**	
Labour-Partei	**Konservative**	**Vor-Viktorianisch**	**Viktorianisch**	**Republikaner**	**Demokraten**	**Schwarze**	**Weiße**
Callaghan	Thatcher	Walpole	Gladstone	Lincoln	Pierce	King	Wallace
Healy	Whitelaw	Pitt	Disraeli	Grant	Van Buren	Abernathy	Maddox

Politiker				
	Vor 1900		**Nach 1900**	
	Briten	**Amerikaner**	**Briten**	**Amerikaner**
A–L	Gladstone Disraeli	Lincoln Grant	Callaghan Healey	King Abernathy
M–Z	Walpole Pitt	Pierce Van Buren	Thatcher Whitelaw	Wallace Maddox

Verglichen mit einer einfachen Liste von Begriffen verbessern beide Organisationsmethoden den Zugriff auf Erinnerungen dramatisch. Die Matrixanordnung hat jedoch den Vorteil, dass sie mehr Abrufwege zu den einzelnen Begriffen bietet. Wenn Sie beispielsweise in der oberen Anordnung das Suchwort „Konservativ" vergessen haben, können Sie nicht mehr zu Thatcher und Whitelaw gelangen. Doch wenn Sie in der Matrix den Abrufbegriff „M–Z" vergessen, kann Sie „Briten" immer noch zu Thatcher und Whitelaw führen.

Indem sie eine große Anzahl von Abrufpfaden bietet, liefert eine Matrix auch mehr Verbindungen zwischen den Begriffen als eine hierarchische Struktur. Wenn Sie sich die Namen der Politiker im hierarchischen Schema anschauen, sind die einzigen Begriffe, die auf den ersten Blick zusammenhängen, die paarweise angeordneten Namen. Wenn Sie sich jedoch die Matrix anschauen, sind die Verbindungen etwa zwischen Gladstone und Disraeli und Walpole und Pitt auch offensichtlich.

Sechs Regeln für erfolgreiche Gruppenbildung:

1. Bündeln Sie Informationen so, wie es für Sie sinnvoll ist.
2. Fügen Sie nur Informationen hinzu, die in der Gruppe fest verbunden werden können.
3. Mehrere kleine Gruppen sind besser als wenige große.
4. Geben Sie jeder Gruppe einen Namen, ein Etikett.
5. Verbinden Sie gut integrierte Gruppen mit anderen, verwandten Gruppen.
6. Stellen Sie zwischen den Gruppen so viele Verbindungen wie möglich her.

Der Schlüssel zum Gedächtnis liegt im Erstellen guter Suchbegriffe. Deshalb ist die Frage nicht: „Wie bekomme ich ein gutes Gedächtnis?", sondern: „Wie kann ich diese Informationen am besten so organisieren, dass ich eine große Anzahl von Suchbegriffen erhalte, die mir wiederum das Erinnern erleichtern?"

> **Gliedern Sie Informationen so, dass Sie eine große Anzahl von möglichen Abrufbegriffen erhalten.**
>
> **Organisieren Sie die Informationen in einem fest verbundenen Netzwerk.**

Übung 4.1

Dies ist eine Gruppe von Aussagen zum Leben von *Antonio Vivaldi*, dem Komponisten der *Vier Jahreszeiten*:

1. Er wurde 1678 in Venedig geboren, während eines Erdbebens.
2. Er war das älteste von acht Kindern und das einzige, das Musiker wurde.
3. Sein Vater war Berufsgeiger.

4. Er wurde 1703 zum Priester geweiht.

5. Seine erste Stelle war die eines Violinlehrers.

6. Er hatte rotes Haar und sein Spitzname war „der rote Priester".

7. Schon kurz nach seiner Ordination gab er das Lesen der Messe auf.

8. Er verlor einen Teil seines Einkommens durch sein Scheitern beim Messelesen.

9. Das Scheitern beim Messelesen schrieb er einem Leiden zu, das er seit seiner Kindheit hatte (möglicherweise Asthma).

10. 1737 wurde er für sein Verhalten getadelt, das für einen Priester nicht angemessen sei.

11. Auf Grund seiner angeblichen Beziehung zu einer Sängerin und seiner Weigerung, die Messe zu lesen, wurde ihm der Zutritt nach Ferrara verweigert.

12. Obwohl er viele Stücke komponierte, die sehr bekannt waren und gut bezahlt wurden, starb er in Armut.

Welche Aussagen sind miteinander verbunden? Können Sie Gruppen bilden, in denen jede Aussage mit jeder anderen verbunden ist, und die zu einem einzigen Thema zusammengefasst werden können? Was ist das Thema der Gruppe (ein Wort oder eine Phrase)?

Legen Sie das Buch jetzt weg und probieren Sie, wie viele Aussagen Sie behalten haben (nach ihrer Bedeutung, nicht wörtlich). Sie werden feststellen, dass Aussagen, die Sie mit anderen verbunden haben, leichter abzurufen sind als solche, die alleine stehen, und dass gruppierte Aussagen noch leichter zugänglich sind.

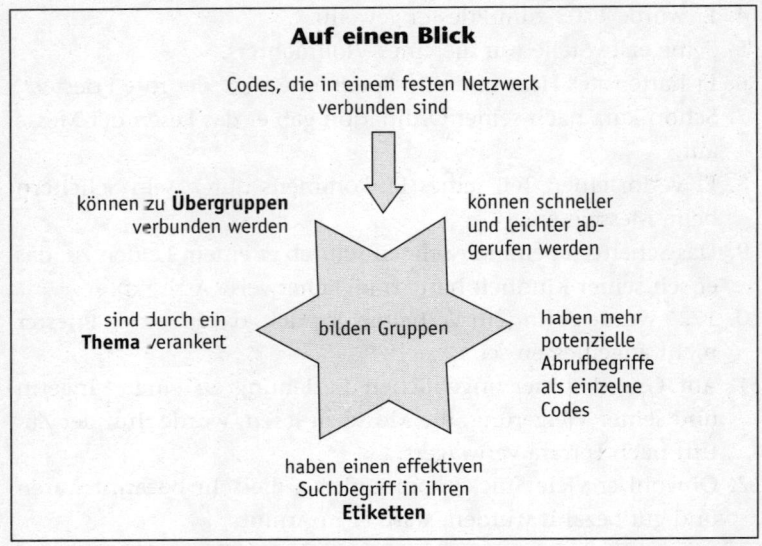

Auf einen Blick

Codes, die in einem festen Netzwerk
verbunden sind

können zu **Übergruppen**
verbunden werden

können schneller
und leichter ab-
gerufen werden

sind durch ein
Thema verankert

bilden Gruppen

haben mehr
potenzielle
Abrufbegriffe
als einzelne
Codes

haben einen effektiven
Suchbegriff in ihren
Etiketten

Die wichtigsten Punkte

Gedächtniscodes sind leicht zugänglich, wenn sie starke Verbindungen haben.

Verbindungen werden verstärkt, wenn sie häufig genutzt werden.

Manche Aktivierungen in einer Verbindung bleiben eine Zeit lang
bestehen und machen es so einfach, sie zu reaktivieren.

Um eine neue Information so abzuspeichern, dass sie leicht abrufbar ist, müssen Sie sie sinnvoll mit bestehenden starken Codes verbinden.

Das Wiederholen einer Information stärkt den Code, doch das Wiederholen in Abständen und in verschiedenen Zusammenhängen
steigert sowohl die Anzahl als auch die Stärke seiner Verbindungen.

Die Verbindungen zwischen den Codes geben diesen einen Sinn, doch die Bedeutung ist größer, wenn miteinander verbundene Codes unter einem Thema zusammengefasst sind.

Um sicher zu gehen, dass miteinander verbundene Codes unter einem Thema zusammengefasst sind, und um sie mit einen Abrufbegriff auszustatten, sollten Gruppen ein Etikett zur Identifikation haben.

Je stärker die Verbindungen zwischen den Codes einer Gruppierung sind, desto eher kann diese als eine Einheit behandelt werden, was den Abruf aller darin enthaltener Informationen erleichtert.

Je mehr Verbindungen zwischen Codes bestehen, desto mehr potenzielle Suchbegriffe gibt es.

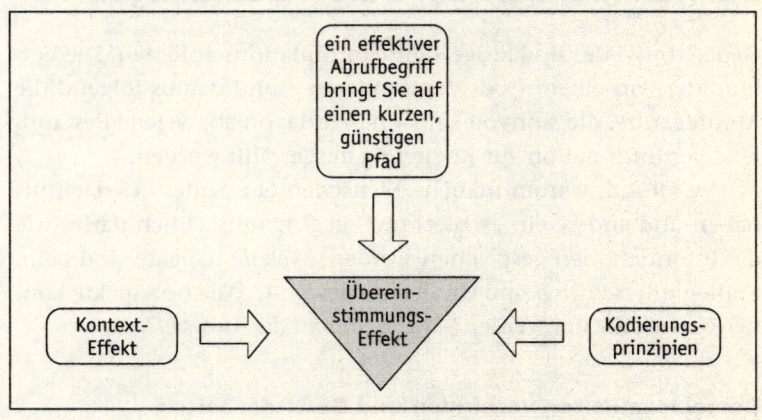

5 Die richtigen Infomationen speichern

Die Information, die Sie in Ihrem Gedächtniscode speichern wollen, bestimmt, wie dieser sich mit anderen Codes verbindet. Die ausgewählte Information und die hergestellten Verbindungen legen fest, wie viele potenzielle Abrufbegriffe ein Code haben wird und wie effektiv sie sein werden. Begriffe, die man sich einfach nur merken und nicht lernen will, haben nicht das große Netzwerk von potenziellen Suchbegriffen, wie es wohlverstandene, bedeutungsvolle Informationen haben. Wenn man andere Codes auswählt, die mit der zu lernenden Information verbunden werden können, verstärkt dies ihre Bedeutung, was wiederum das Abrufen vereinfacht.

Die Auswahl bestimmt die Verbindungen

Gedächtniscodes sind ausgewählte Informationseinheiten. Die Verbindung von einem Code zum anderen – und daraus folgend die Abrufbegriffe, die sinnvoll sind – hängt davon ab, welche Bestandteile der Information zur Kodierung ausgewählt wurden.

Der Grund, warum manche Menschen ein „gutes" Gedächtnis haben und andere ein „schlechtes", liegt hauptsächlich darin, wie die Informationen gespeichert werden. Welche Aspekte sind beim Kodieren wesentlich und werden ausgewählt? Welche Aspekte können vernachlässigt werden? *Was bestimmt die Auswahl?*

Gemeinsamkeiten verbinden und Besonderheiten trennen

Eine wichtige Regel, die unsere Auswahl bestimmt, ist, dass wir nach besonderen Eigenschaften Ausschau halten (**Prinzip der Besonderheit oder Unverwechselbarkeit**). Dies stimmt auch mit unserem Prinzip überein, stets effektive Abrufbegriffe auszuwählen (ein wirkungsvoller Abrufbegriff enthält Informationen, die nur mit wenig anderen Codes im Netzwerk übereinstimmen).

Die Auswahl dieser besonderen Merkmale wird durch den Kontext bestimmt. Ein Mädchen, das einen Handstand macht, wäre z.B. ein herausragendes Element in einer Anzeige für Büromöbel, im Zusammenhang mit einer Gymnastik-Vorführung jedoch völlig unauffällig. Würde das Mädchen einen Herrenanzug tragen, wäre dies in jedem Zusammenhang auffällig, doch wenn die kleine Tochter des Betrachters ebenfalls in der Szene auftreten würde, könnte dies für ihn so beeindruckend sein, dass es sogar den merkwürdigen Anblick eines kleinen Mädchens im Anzug, das einen Handstand macht, überschattet. Besonderheit oder Unverwechselbarkeit ist nicht nur relativ, sondern auch subjektiv.

> **Unverwechselbarkeit ist persönlich.**
> **Unverwechselbarkeit hängt vom Kontext ab.**

Wir haben alle schon erlebt, dass manche Gerüche bestimmte Erinnerungen auslösen. Ich denke stets an meine Großmutter, wenn ich um Weihnachten herum Lilien rieche. Wenn wir unsere Großmutter an Weihnachten besuchten, hatte sie immer im Eingang einen Strauß Lilien arrangiert, deren unverwechselbarer Duft den Raum erfüllte.

Eine Studie, die sich mit den Auswirkungen von Düften auf das Gedächtnis beschäftigte, ergab, dass man sich an Informationen, die unter Einwirkung von unbekannten Gerüchen gelernt wurden, am besten wieder erinnert, wenn der Duft auch beim Abfragen wieder verfügbar ist. War der Geruch aber bekannt, so waren Gerüche, die in diesem Zusammenhang ganz unpassend waren (hier war es Pfefferminze), bessere Abrufhilfen als passende (Kiefer).

Sie können Unverwechselbarkeit reduzieren, indem Sie sich auf einen ganz allgemeinen Aspekt konzentrieren. So können Sie beispielsweise in einer Liste mit Wörtern das Augenmerk darauf legen, wie oft der Buchstabe „e" vorkommt. Dann werden Ihnen besondere Wörter viel weniger auffallen (so wie „Computer" in einer Liste von Früchten). Wenn jedoch die Struktur des Wortes eine Besonderheit hat („Phlegma" beispielsweise hat eine ungewöhnliche, auffallende Abfolge von Buchstaben), fällt Ihnen dieses Wort wahrscheinlich viel leichter wieder ein, auch wenn Sie sich auf einen allgemeinen Aspekt konzentrieren wollten.

Auf gleiche Weise können Sie den Aspekt der Besonderheit betonen, und damit die Leichtigkeit, mit der Sie sich erinnern, erhöhen. Dazu müssten Sie sich speziell auf einen Aspekt des Stoffes konzentrieren, der ihn von seiner Umgebung abhebt. So fällt beispielsweise in einer Liste von Früchten „Banane" nicht weiter auf. Wenn Sie jedoch nur die Früchte betrachten, die mit „B" beginnen, wird „Banane" sehr wohl ins Auge fallen.

> **Unverwechselbarkeit kann durch selektive Wahrnehmung manipuliert werden.**

Wenn „Banane" einfach als „bekanntes Obst" abgespeichert wird, wird sie unter all den anderen bekannten Obstsorten schwieriger zu finden sein, als wenn sie unter „bekanntes Obst mit dem Anfangsbuchstaben B" kodiert wurde. Wenn sie unter „bekanntes Obst mit dem Anfangsbuchstaben B, das gelb ist" abgelegt wurde, werden Sie „Banane" noch leichter finden können. Wenn Sie also einen Begriff abspeichern, brauchen Sie ausreichend Informationen, um ihn von den anderen bereits gespeicherten Begriffen zu unterscheiden. Je spezifischer der Code ist, desto schneller und leichter kann er wiedergefunden werden.

> **Je spezifischer ein Code, desto einfacher sein Abruf.**

Deshalb werden Sie sich besser an den Namen einer Frucht erinnern können, wenn Sie ihren Anfangsbuchstaben wissen und noch besser, wenn Sie auch noch wissen, dass sich gewisse Buchstaben in dem Wort wiederholen. Eselsbrücken und ungewöhnliche Assoziationen (z. B. „eine *Na*se wie eine Ba*na*ne"), erhöhen Sie Ihre Erinnerungsfähigkeit noch weiter.

> **Wählen Sie besondere Eigenschaften aus,**
> **die den Begriff charakterisieren.**
> **Je unverwechselbarer die Eigenschaften,**
> **desto leichter der Zugriff.**

Um Begriffe gut abzuspeichern, müssen Sie also im Wesentlichen nach Eigenschaften suchen, die sich gut als Abrufhilfen eignen. Dies können auch Teile des Begriffs sein.

Angenommen, Sie möchten sich an den Namen einer Firma erinnern, die *Computer Kabeldienst GmbH* heißt. Sie werden vielleicht den ganzen Namen ein paar Mal wiederholen und hoffen, dass er Ihnen wieder einfällt, wenn Sie ihn brauchen. Doch dies ist keine erfolgreiche Methode, wenn Sie sich nicht auf die einzelnen Wörter konzentriert haben. Das erste Wort, *Computer,* ist zu allgemein, als dass es als Suchbegriff funktionieren könnte, doch dies ist das Wort, dem Sie die meiste Aufmerksamkeit geschenkt haben, einfach weil es an erster Stelle steht. Haben Sie sich jedoch *Kabel* als den ungewöhnlichsten Bestandteil des Firmennamens gemerkt, stehen Ihre Chancen, sich an den ganzen Namen zu erinnern, schon viel besser. Wenn Sie den Namen abrufen wollen und Sie erinnern sich erfolgreich an das eine Wort (Kabel), dann wird dieser Suchbegriff wahrscheinlich nicht mit vielen anderen Begriffen verbunden sein, und die Verbindung zu *Computer Kabeldienst GmbH* ist wahrscheinlich die zuletzt benutzte und deshalb leicht zugänglich. *Kabel* ist zu einem **Anker** für den Namen *Computer Kabeldienst GmbH* geworden.

Das Teilstück, das als Abrufbegriff benutzt wird, muss kein ganzes Wort sein. Ein Wortbruchstück kann sich genauso gut als Suchbegriff eignen. So können Sie sich z.B. *Schilddrüse* oder *Überfunktion,* oder sogar einfach *Schild* herausgreifen, um sich an den medizinischen Begriff *Schilddrüsenüberfunktion* zu erinnern. Welches

Fragment sich am besten eignet, hängt von Ihnen ab – welches für Sie bestimmender ist.

> ## Charakteristische Suchbegriffe können Codes verankern.

Wie leicht ein Code gefunden werden kann, hängt davon ab

- wie viele potenzielle Pfade geschaffen werden können,
- wie leicht der Zielcode von anderen möglichen Zielen unterschieden werden kann.

Übung 5.1

Vergegenwärtigen Sie sich die Details aus dem Leben Vivaldis aus unserer früheren Übung noch einmal. Gibt es irgendwelche Dinge, die eigentlich banal waren, an die Sie sich jedoch erinnern, weil sie ungewöhnlich oder interessant waren? Hat der Abruf von diesen Details Ihnen dabei geholfen, sich auch an andere, wichtigere Details zu erinnern?

Grundsätze des Abspeicherns

Unverwechselbare Teile sind unverzichtbar, damit Sie einen bestimmten Code unter vielen anderen in Ihrem Gedächtnis finden. Doch, wie wir bereits im letzten Kapitel besprochen haben, wird es dadurch auch schwieriger Verbindungen herzustellen. Wenn wir Verbindungen aufbauen, achten wir nicht auf Unterschiede, sondern auf Gemeinsamkeiten.

Der Schlüssel zum Gedächtnis liegt wie gesagt im Erstellen guter Abrufhilfen. Dazu gehört zum einen, dass nützliche Informationseinheiten ausgewählt werden und zum anderen, dass Verbin-

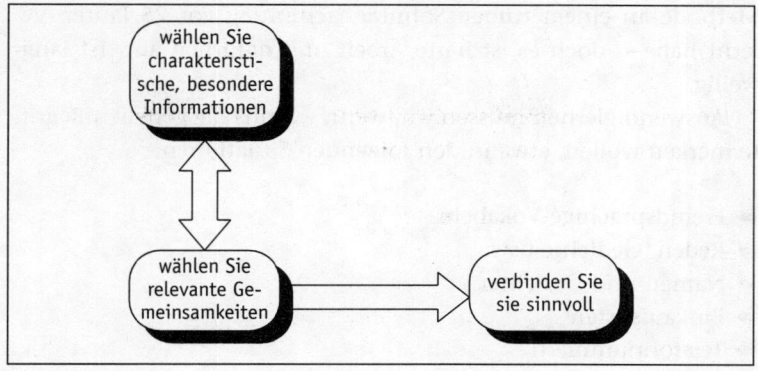

dungen zwischen den Codes erstellt werden. Im letzten Kapitel erwähnte ich die Bedeutung von Codes, die in eine fest verbundene Gruppe mit eigener, einzigartiger Identität integriert sind. So eine Gruppe kann als Einheit für sich gesehen werden, wodurch Geschwindigkeit und Leichtigkeit des Abrufens profitieren *(Übergruppen-Effekt)*. Doch manche Informationen sind nicht leicht zu integrieren. Solche Informationen muss man sich aktiv einprägen, statt sie zu „lernen".

Auswendiglernen von unzusammenhängendem Material

Einprägen versus Lernen

Wir unterscheiden üblicherweise zwischen Auswendiglernen – sich Einprägen – und „richtigem" Lernen. Für die meisten von uns ist das Auswendiglernen eine Angelegenheit von roher Gewalt. Das grundlegende Werkzeug dafür ist einfache Wiederholung. Sie sagen die Informationen wieder und wieder auf, bis Sie sie in Ihr Hirn gehämmert haben. Es funktioniert – ich kann immer noch ein Stück aus dem *Mittsommernachtstraum* rezitieren, das ich mit dieser

Methode an einem trüben Sonntagnachmittag vor 25 Jahren gelernt habe –, doch es ist harte Arbeit und natürlich äußerst langweilig.

Auswendiglernen müssen wir, wenn wir uns die genauen Begriffe merken wollen, etwa in den folgenden Situationen:

➡ Fremdsprachige Vokabeln
➡ Reden, Gedichte usw.
➡ Namen und Gesichter
➡ Einkaufslisten
➡ Telefonnummern

Doch in den meisten Situationen müssen wir uns lediglich an den Sinn von Informationen erinnern.

Wirkliches Lernen setzt Verständnis voraus, und das entsteht aus den Verbindungen zwischen den Codes. Auf der einen Seite bedeutet das härtere Arbeit als bloßes Auswendiglernen, denn Sie müssen nachdenken, Sie müssen nach Verbindungen graben. Auswendiglernen ist langweilig und zeitaufwendig, doch es ist nicht wirklich schwer. Echtes Lernen baut auf sich selbst auf. Wenn Sie den Aufwand nicht scheuen, schwieriges Material wirklich zu verstehen, werden Sie langfristig belohnt werden. Spätere Informationen dazu können Sie viel leichter behalten. Sie wird in den bereits existierenden Rahmen eingebaut. Auswendiglernen baut sich dagegen nicht auf sich selbst auf. Selbst wenn Sie einen Text schon auswendig können, erleichtert das Ihnen nicht, sich einen weiteren, verwandten Text einzuprägen.

Bei Material, das keine innere Struktur hat, muss man die Information in ein sinnvolles System zwingen. Damit der Abruf funktioniert, legen wir eine Bedeutung in die Information, indem andere, sinnvolle Codes ausgewählt und mit dem Material verbunden werden. Wenn Material also nicht um ein Thema organisiert ist, müssen wir für die Kodierung ganz anders auswählen, als wenn schon ein Sinnzusammenhang besteht.

Grundsätze einer effektiven Auswahl

An bedeutungstragendes Material kann man sich besser erinnern

Wir alle wissen, dass Wort- oder Zahlenreihen ohne Bedeutung schwierig zu merken sind. Telefonnummern z.B. beginnen normalerweise mit Zahlen, die die Region oder das Stadtviertel des Telefoninhabers widerspiegeln. Wenn Sie sich mit diesen Zahlencodes auskennen, haben die ersten Ziffern für Sie eine Bedeutung und sind deshalb auch leichter zu merken. Doch die letzten Ziffern sind vollkommen ohne Sinn und dementsprechend viel schwieriger zu merken.

Für diese Situation gibt es zwei bekannte Strategien: Entweder wir finden eine Art Muster oder Bedeutung für die Ziffern oder, wenn wir die Nummer nur so lange behalten wollen, bis wir sie aufgeschrieben oder gewählt haben, wir wiederholen sie immer wieder. Stupide Wiederholung ist zwar in Ordnung, wenn wir etwas nur für ein paar Minuten behalten wollen – die Information ist aber verschwunden, sobald wir aufhören, sie zu wiederholen.

Natürlich merken wir uns tatsächlich viele Telefonnummern, die wir häufig benutzen. Dies liegt jedoch daran, dass diese Information so oft benutzt wird (dies stärkt den Code) und weil die Wiederholungen in Abständen vorgenommen werden.

Sich auf diese Art und Weise eine Telefonnummer zu merken dauert jedoch seine Zeit. Eine viel effektivere und schnellere Strategie ist es, den Zahlen eine Bedeutung hinzuzufügen. Durch die Buchstaben auf dem Telefon, mit denen man Ziffern kodieren kann, können Nummern in Worte umgewandelt werden: 0800-ANSETT ist viel sinnvoller und leichter zu merken als 0800–267388.

Ist also Ihre Absicht zu lernen und zu verstehen, so sind Gruppenbildung und sinntragende Verbindungen zwischen den Codes unverzichtbar. Doch wenn es Ihr Ziel ist, die Information wortwörtlich wiederzugeben, muss die Betonung darauf liegen, Verbindungen mit anderen, starken Codes zu bilden, um bessere Abrufhilfen einzurichten.

Die Übertragung von Informationen ohne Sinnzusammenhang in solche mit Bedeutung – entweder durch direktes Übertragen oder indirekt durch Verbindungen mit sinnvollen Codes – ist die Basis aller mnemonischen Gedächtnisstrategien, die ich ausführlich in Kapitel 10 bespreche.

Um sich Material ohne Bedeutungszusammenhänge zu merken, müssen Sie ihm eine Bedeutung geben.

Konkrete Wörter sind bessere Abrufbegriffe

Beim Auswendiglernen von Informationen ohne Sinnzusammenhang führen konkretere Abrufbegriffe zu besseren Ergebnissen. Es ist altbekannt, dass man sich Wörter, die sich auf konkrete, leicht visualisierbare Objekte beziehen, besser merken kann als Wörter, die sich auf abstrakte Konzepte beziehen (z.B. „Justiz", „Liebe"). Dies liegt daran, dass konkrete Wörter viel effektivere Abrufhilfen sind.

Konkrete Wörter scheinen mehr Verbindungen zu anderen Codes zu haben als abstrakte Konzepte. Material ohne Sinnzusammenhang kann man deshalb viel leichter mit konkreten Wörtern verbinden als mit abstrakten Konzepten.

Wählen Sie konkrete Wörter als Abrufbegriffe.

Konkretheit kann danach definiert werden, wie leicht man sich ein mentales Bild von einem Konzept machen kann. Wenn es in einer bestimmten Situation schwierig ist, Bilder zu erstellen (z.B., wenn im Laufe eines Vortrags Wörter sehr kurz und schnell auf einen einstürmen oder wenn man sich nicht bewusst ist, dass man sich das Material merken muss), ist der Vorteil von konkreten Wörtern gegenüber abstrakten allerdings nicht so groß.

Es hat sich gezeigt, dass man sich konkrete Begriffe üblicherweise besser merken kann, weil sie leichter visualisiert werden können als abstrakte Begriffe. Die Regel für die Auswahl konkreter Begriffe kann man deshalb so formulieren:

> **Suchen Sie Abrufbegriffe, die leicht visualisiert werden können.**

Interaktion ist der Schlüssel zur Effektivität von Bildersymbolik

Die Effektivität von **Bildersymbolik** ist unbestritten. Eine Studie hat ergeben, dass das Erstellen von mentalen Bildern doppelt so wirksam ist wie das einfache Wiederholen des Materials (die allereinfachste Strategie). Doch die Bildersymbolik ist am effektivsten, wenn interaktive oder **beziehungsreiche Bilder** verwendet werden. Tatsächlich ist Interaktion weitgehend der Schlüssel zu einer wirkungsvollen Bildersymbolik.

Wenn Sie sich beispielsweise die Wörter „Katze", „Trommel", „Besen" und „Tisch" merken sollen, werden Sie sich leichter tun, wenn Sie daraus ein Bild machen, wie etwa eine Katze, die einen Tisch kehrt und dabei eine Trommel auf dem Kopf balanciert, anstatt vier verschiedene Bilder herzustellen.

> **Wenn Sie sich unzusammenhängendes Material merken müssen, sollten Sie zusammenhängende Bilder schaffen.**

Begriffe können sowohl durch Bilder als auch durch Worte zueinander in Beziehung gebracht werden. Ein Weg, Begriffe verbal zu verbinden, ist, daraus eine Geschichte zu machen. Hier haben wir z.B. eine kurze Geschichte, die beim Merken einer Einkaufsliste helfen soll (die Artikel von der Liste sind in Großbuchstaben): „Das OBST ist voller SAFT. Ich wasche es mit WASSER, FISCHE nach GETREIDE und BRÜHE den KAFFEE im FILTER auf."

Das Vorgehen nach dieser Strategie führt zu einer dramatischen Verbesserung des Auswendiglernens, verglichen mit einer simplen Methode wie dem Wiederholen.

Auch wenn die Bildersymbolik von vielen Gedächtnistrainern als *das* Geheimnis zur Gedächtnisverbesserung propagiert wird, gibt es daran überhaupt nichts Geheimnisvolles. Verbale Assoziationen können genauso wirkungsvolle Abrufbegriffe sein. Der Vorteil von Bildern liegt einfach darin, dass es für viele Menschen leichter ist, sich Bilder vorzustellen, als eine zusammenhängende Geschichte zu erfinden, doch manchen geht es auch genau umgekehrt.

Der Schlüssel zum Merken von Material ohne Zusammenhang liegt also darin, dass man Beziehungen zwischen den Konzepten herstellt. Dies kann durch mentale Bilder geschehen oder durch Worte. Wählen Sie die Methode, die für Sie am einfachsten ist.

> **Verbinden Sie unzusammenhängendes Material durch Worte oder Bilder.**

Andere gut funktionierende Suchbegriffe

Manche Wörter kann man sich intuitiv besser merken als andere, sie sind deshalb besonders gute Suchbegriffe:

➡ Wörter, die ungewöhnlich aussehen (z.B. Phlegma)
➡ Wörter, die sich ähnlich anhören oder die ähnlich aussehen (z.B. Hund – Pfund, Mandarine – Vitrine)
➡ bekannte Wörter, die anders geschrieben als gesprochen werden (z.B. Colonel, Orange, kreieren, Steak).

Eigenschaften von guten Abrufbegriffen

● einfach zu visualisierende Worte
● Synonyme
● Reime
● Wörter, die sich ungewöhnlich anhören oder die ungewöhnlich aussehen
● einprägsame Teilstücke von Begriffen

Material ohne Bedeutungszusammenhang merkt man sich am besten, indem man

- ➡ es mit Bedeutung erfüllt
- ➡ Wörter oder Bilder verwendet, um es mit bedeutungsvolleren Codes zu verbinden
- ➡ es mit Codes verbindet, die gute Abrufhilfen sein können

Eine Frage der Aufmerksamkeit

Das Speichern einer Information kann ohne Absicht und ohne viel Anstrengung geschehen. Doch um sie gut zu kodieren, müssen Sie aufmerksam bei der Sache sein.

Wenn Sie Ihre Konzentration nicht voll auf das Abspeichern einer Information gerichtet haben, ist Ihr Erinnerungsvermögen für diese Information merklich reduziert. Sind Sie beim Abrufen andererseits nicht ganz bei der Sache, hat dies viel weniger Einfluss darauf, ob Sie die Informationen erhalten – das Abrufen ist im Vergleich zum Kodieren ein weitaus automatischerer Prozess. Abrufen heißt einfach, dass man einem ausgeschilderten Pfad folgt, während Speichern bedeutet, dass man die Information vorher auswählt und sie mit verwandten Informationen verbindet. *Zum effektiven Speichern ist zielgerichtete Aufmerksamkeit nötig.*

Aufmerksamkeit ist nicht das selbe wie Aufwand. Wenn man sagt, dass jemand hart arbeitet, heißt das nicht gleichzeitig, dass er auch gut arbeitet. Hart arbeiten bezieht sich lediglich auf die Anzahl der aufgewendeten Stunden. Gut arbeiten beinhaltet auch ein Ergebnis.

Anstrengung allein führt noch nicht zu erfolgreichem Lernen. Jeder von uns kennt Menschen, die scheinbar nie hart lernen müssen und trotzdem stets gute Prüfungsergebnisse erzielen, und andere Menschen, die büffeln und büffeln und trotzdem immer schlecht abschneiden. Das liegt nicht daran, dass die einen schlauer sind als die anderen. Sie können so lange probieren wie Sie wollen, wenn Sie für diese spezielle Aufgabe die falsche Lernmethode anwenden, werden die Informationen nicht gut abgespeichert sein (das heißt so abgespeichert, dass sie leicht abrufbar sind).

Doch Sie können Zeit sparen, indem Sie passende Lernstrategien anwenden und die Grundsätze des Lernens beachten. Eine Stunde konzentrierten, zielgerichteten Lernens ist so viel wert wie mehrere Stunden zielloser und unkonzentrierter Anstrengung.

> ## Zielgerichtete Aufmerksamkeit reduziert die Lernzeit.

Natürlich liegt der Trick darin, dass man weiß, wohin man seine Aufmerksamkeit lenken soll. Das Wesentliche ist, die Grundlagen des Abspeicherns und Abrufens anzuwenden – nämlich gute potenzielle Suchbegriffe durch das Auswählen charakteristischer Informationen zu kreieren und passende sowie starke Verbindungen zu anderen Codes zu schaffen. Aufmerksamkeit erhöht Ihre Chancen, diese Ziele zu erreichen.

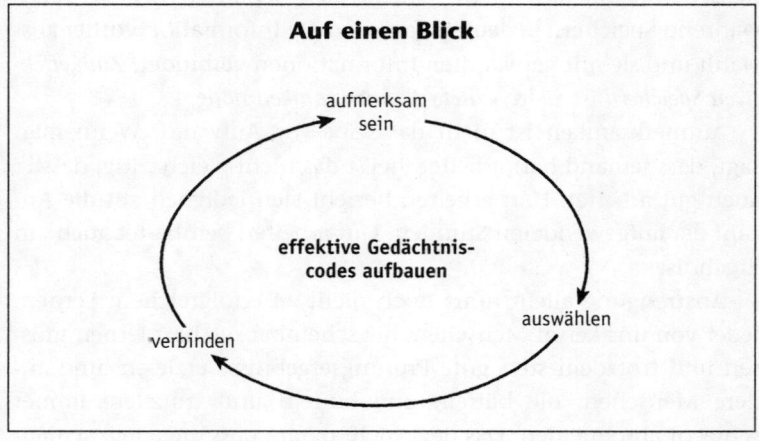

Auf einen Blick

aufmerksam sein

effektive Gedächtniscodes aufbauen

auswählen

verbinden

Die wichtigsten Punkte

Die Verbindungen, die wir erstellen, hängen davon ab, welche Informationen wir zum Abspeichern ausgewählt haben.

Um Informationen zu integrieren, konzentrieren wir uns auf Gemeinsamkeiten, doch um nützliche Verbindungen aufzustellen, müssen wir uns auf charakteristische, unverwechselbare Eigenschaften konzentrieren.

Unverwechselbarkeit ist relativ und subjektiv, sie kann durch selektive Wahrnehmung manipuliert werden.

Je spezifischer ein Code ist, desto leichter kann er wiedergefunden werden.

Um effektiv zu kodieren, richten Sie Ihre Aufmerksamkeit auf die Auswahl charakteristischer Informationen sowie auf die Erstellung passender und starker Verbindungen.

Um sich etwas zu merken, muss man Informationen entweder in sinntragende Codes umwandeln oder mit sinntragenden Codes verknüpfen.

6 Das Arbeitsgedächtnis

Ein wirkungsvoller Gedächtniscode wird erstellt, wenn Sie die Information aufmerksam betrachten sowie auswählen und verstehen, was Sie sich merken wollen. Wie gut Sie darin sind, hängt von der Anzahl der Gedächtniscodes ab, die Sie gleichzeitig bearbeiten können. Dementsprechend müssen Sie Ihre eigenen Fähigkeiten kennen und lernen, innerhalb Ihrer Grenzen zu agieren.

Mit Ihrem Gedächtnis arbeiten

Bevor eine Information dauerhaft abgespeichert wird, muss sie natürlich erst kodiert werden. Es muss also ein Stadium, einen Bewusstseinszustand geben, in dem die Information betrachtet und ausgewählt wird. Dieser Zustand wird *Arbeitsgedächtnis* genannt. Im Arbeitsgedächtnis werden die Informationen gehalten, mit denen Sie gerade arbeiten.

> **Das Arbeitsgedächtnis enthält die Informationen, derer Sie sich gerade bewusst sind.**

Um uns an etwas zu erinnern, müssen wir es aus unserem Gedächtnis abrufen und in einen Arbeitscode umwandeln – nur dann können wir wissen, was wir gefunden haben. Wir nennen das eine Information **aktivieren**.

> **Eine Information zu aktivieren bedeutet, sie in einen Arbeitscode umzuwandeln.**

Gründlich gelerntes Material hat einen stärkeren Gedächtniscode und kann deshalb auch schneller aktiviert (ins Bewusstsein gerufen) werden.

Kodieren oder Speichern bedeutet die Übertragung von Informationen aus dem Arbeitsgedächtnis in den Datenspeicher.

Abrufen beinhaltet die Übertragung von Informationen aus dem Datenspeicher in das Arbeitsgedächtnis.

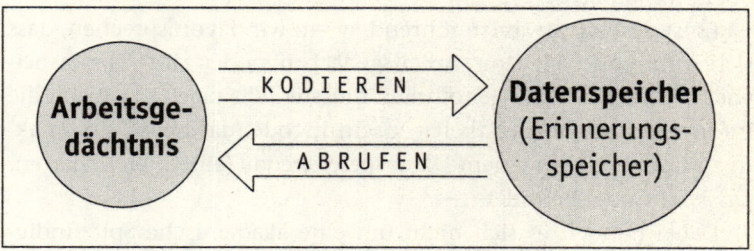

Interaktion zwischen Arbeitsgedächtnis und Datenspeicher

In älterer Literatur wird oft von diesen beiden Zuständen (dem Arbeitsgedächtnis und dem Datenspeicher) wie von zwei verschiedenen Orten gesprochen – wie bei einem Tisch, auf dem Akten ausgebreitet sind (Arbeitsgedächtnis) und einem vollen Aktenschrank, aus dem weitere Akten herausgenommen werden können (Datenspeicher). Das ist natürlich eine nützliche Analogie, doch die Beziehung zwischen dem Arbeitsgedächtnis und dem Datenspeicher ist viel fließender. Sie müssen nicht auf dem Tisch einen Platz frei machen (das Arbeitsgedächtnis hat nur sehr wenig Platz), zum Aktenschrank gehen, die gewünschte Akte heraus holen, sie zum Tisch bringen, sie anschauen, dann merken, dass Sie noch etwas anderes brauchen, noch mehr Platz auf dem Tisch machen (indem Sie die Akten zusammensuchen und sie mit zum Aktenschrank nehmen und dort einsortieren), und eine weitere Akte aus dem Schrank nehmen. Nein, das Arbeitsgedächtnis und der Datenspeicher, der Tisch und der Aktenschrank, sind nicht so voneinander getrennt, wie diese traditionelle Analogie es darstellt.

Moderne Gedächtnistheorien schlagen vor, dass das Arbeitsgedächtnis und der Datenspeicher keine getrennten Erinnerungs*speicher* sind, die auf verschiedene Arten arbeiten, sondern dass sie verschiedene Erinnerungs*prozesse* sind, die Gedächtniscodes kreieren oder *transformieren*.

Es ist deshalb etwas irreführend, wenn wir davon sprechen, dass sich Informationen „im" Arbeitsgedächtnis oder „im" Datenspeicher befinden. Genau genommen müssten wir sagen, dass sich die Information in einem Arbeitsgedächtniscode (das heißt, einem aktiven Code) oder in einem Datenspeichercode (einem archivierten, passiven Code) befindet.

Dabei handelt es sich nicht um eine akademische Spitzfindigkeit. Da Arbeitsgedächtnis und Datenspeicher nicht zwei total verschiedene Orte sind, können sie auf eine Art und Weise interagieren, die die Kapazität des Arbeitsgedächtnisses erhöht – und somit auch die Informationsmenge, die Sie gleichzeitig bearbeiten können. Statt eines kleinen Tisches und einem vollen Aktenschrank haben wir ein Theater und einen sich bewegenden Scheinwerfer. Das Scheinwerferlicht kann stärker oder schwächer werden, breit und diffus oder streng fokussiert sein.

In einer Hinsicht versagt diese Analogie jedoch auch. Immer wenn wir unser Gedächtnis mit etwas aus der echten Welt draußen vergleichen – einem Büro, einer Bibliothek, einem Theater – haben wir das gleiche grundsätzliche Problem. In der Welt außerhalb unseres Kopfes haben die Dinge ihren Platz. Ein Buch und eine Lampe auf einem Tisch mit einem Stuhl daneben, werden ein Buch und eine Lampe und ein Tisch und ein Stuhl daneben bleiben, bis jemand sie anders platziert. Doch die Erinnerungen in unserem Kopf tanzen.

Die Codes im Scheinwerferlicht müssen deshalb nicht nebeneinander im Theater sitzen. Stellen Sie sie sich stattdessen in einem Ballsaal vor. Die Codes tanzen Walzer über das Parkett. Hier tanzen zwei Paare dicht nebeneinander, dort tauschen zwei Paare die Partner. Das Scheinwerferlicht ist in Bewegung und seine eigene Bewegung bringt auch Veränderungen bei den Tänzern mit sich. „Schnell!", sagen sie und spurten los, um ins Scheinwerferlicht zu gelangen. Als Antwort auf die Tänzer bewegt sich dann das Scheinwerferlicht. Es denkt, „oh, schau dir diese Anordnung an!" und es wird größer und diffuser, um alles einzufangen.

Manche Leute haben ein besseres Scheinwerferlicht als andere. Es ist flexibler und achtet mehr auf die momentanen Anforderungen. Es hat auch mehr Möglichkeiten zu wachsen und mehr Tänzer gleichzeitig zu beleuchten.

Ihr Arbeitsgedächtnis (mit wie viel Informationen Sie gleichzeitig arbeiten können) ist ein kritischer Faktor, wenn es um Ihre Fähigkeit geht, gute Beobachtungen zu machen, effektiv zu lesen, komplexe Fragen zu verstehen. Tatsächlich kann man anhand Ihrer Arbeitsspeicherkapazität am besten Ihre Intelligenz „messen".

Manche Menschen wurden mit einem weiten und flexiblen Arbeitsgedächtnis geboren. Doch damit verhält es sich nicht wie mit der Augenfarbe – ein Attribut, das von Ihren Genen bestimmt wurde und nicht mehr verändert werden kann. Sie können Ihre Arbeitsspeicherkapazität vergrößern. Um das zu tun, hilft es zu verstehen, wie das Arbeitsgedächtnis arbeitet und wie es mit dem Datenspeicher interagiert.

Wie wir unser Arbeitsgedächtnis benutzen

Textverständnis

Lesen Sie die beiden folgenden Sätze: Der *Spion warf seinen Bericht schnell ins Feuer. Die Asche stieg den Kamin empor.*

Problemlos zu verstehen, oder? Doch der zweite Satz leitet sich nicht zwingend vom ersten ab, wenn Sie nicht verstehen (was Sie mit Sicherheit taten), dass a) der Bericht auf Papier war und b) Papier sich im Feuer zu Asche verwandelt. Ich glaube nicht, dass Sie sich dieser Verbindungen bewusst waren, als Sie die beiden Sätze gelesen haben. Wir haben einen riesigen Wissensfundus, der so rasch zugänglich ist, dass wir überhaupt nicht darüber nachdenken müssen. Nichtsdestotrotz, auch wenn wir uns dessen nicht bewusst sind, muss das Wissen im Gedächtnis abgerufen werden.

Diese beiden Sätze stammen aus einer experimentellen Studie, in der untersucht wurde, wie sehr unsere Fähigkeiten, diese fehlenden Verbindungen herzustellen, von Mensch zu Mensch unterschiedlich sind. Dass Sie verstehen, was Sie lesen oder hören, liegt in einem gewissen Maße daran, wie Sie diese Lücken schließen können. Diese Fähigkeit hängt von zwei wesentlichen Faktoren ab:

➡ wie viel Informationen Sie gleichzeitig aktiviert haben können
➡ wie schnell Sie die benötigten Informationen aus Ihrer Datenbank abrufen können

---

Übung 6.1

Lesen Sie die folgenden Abschnitte und beantworten Sie die Fragen zum Textverständnis ohne dass Sie den Text nochmals lesen. (Text und Fragen wurden einer experimentellen Studie von Daneman & Carpenter *entnommen).*

1. Als ich gestern mit Ritchie, Archie, Walter und dem Rest der Gruppe in der Kneipe saß, wurde ich plötzlich unruhig. Robbie hatte eine Münze in die Juke Box geworfen. Sie plärrte den neuesten Rock'n'Roll Hit. Entsetzt betrachtete ich die Reaktionen meiner Freunde auf die Musik. Besonders beunruhigt war ich über den Gesichtsausdruck meines besten Freundes. Wayne sah ganz ernst aus und hämmerte im Rhythmus der Musik wie wild auf den Tisch. Also, ich mag die meisten Dinge, die andere Teenager auch mögen. Ich mag Mädchen mit weichem blonden Haar, Mädchen mit dunklem lockigem Haar, eigentlich alle Mädchen. Ich mag Milchshakes, Fußballspiele und Strandfeten. Ich mag Jeans, lustige T-Shirts und Turnschuhe. Es ist nicht so, dass ich keine Rockmusik mag, doch ich glaube, sie sollte Spaß machen und nicht zu ernst genommen werden. Und da war er nun, richtig „mitgenommen" und ernst wegen der verrückten Musik.

Frage: Wer war wegen der Musik richtig „mitgenommen" und ernst?

2. Es war Mitternacht und im Urwald war es sehr still. Plötzlich durchschnitt das Heulen eines Wolfs die Luft. Diesem qualvollen Ton folgte Hektik. Alle Tiere im Urwald wussten, dass eine wichtige Zusammenkunft vom Löwen, ihrem König, angeordnet worden war. Vertreter von jeder Tierart trafen rasch ihre Vorbereitungen für das Treffen am Fluss. Dort wurden alle dringenden Versammlungen abgehalten. Der Elefant und der Tiger waren als erste da. Dann kamen der Gorilla, der Panther und die Schlange. Ihnen folgten die Eule und das Krokodil. Der Beginn wurde verzögert, weil sich der Leopard noch nicht gezeigt hatte. Es gab reichlich Spekulationen, warum der mitternächtliche Alarm ausgelöst worden war. Schließlich erschien er und das Meeting konnte beginnen.

Frage: Wer erschien schließlich?

Um die Frage nach der handelnden Person richtig beantworten zu können, müssen Sie sich in beiden Texten auf vorhergehende Aussagen beziehen. Im zweiten Text steht der Bezug nur zwei Sätze vorher, doch im ersten liegt er sechs Sätze zurück. Leser, die eine geringe Kapazität für Informationen dieser Art haben, haben Schwierigkeiten mit Bezügen, die mehr als zwei oder drei Sätze zurückliegen.

Kopfrechnen

Zum Kopfrechnen benötigt man einen guten Stamm von gründlich erlernten Summen und Ergebnissen (6+7=13; 3x3=9; usw.). Dies ist sozusagen das Alphabet der Arithmetik. Wenn Sie etwas addieren wollen, sagen wir 45+32, werden Sie auf die bekannten Summen von 4+3 und 5+2 zurückgreifen. Doch Sie müssen sich auch die erste Sieben merken, während Sie die zweite Sieben abrufen – und das ist der Grund, warum das Arbeitsgedächtnis gebraucht wird.

Viele Fehler beim Addieren im Kopf geschehen, weil man nicht alle Teillösungen im Arbeitsgedächtnis behalten konnte. Sich eine Sieben zu merken, während man eine zweite Sieben abruft, scheint nicht sehr schwierig zu sein, doch wie sieht das bei 4735 + 629 aus? Sie müssen sich im Arbeitsgedächtnis nicht nur jede abgerufene Summe (5+9, 3+2, 7+6), sondern auch die übertragenen Zahlen merken. Und Sie müssen sich natürlich nicht nur die Ergebnisse der Summen merken, sondern auch deren Reihenfolge.

Von Ihrem Arbeitsgedächtnis hängen Ihre Fähigkeiten zu verstehen, zu denken und zu rechnen ab.

Unterschiede zwischen Arbeitsgedächtnis- und Datenspeichercodes

Arbeitsgedächtniscodes und Datenspeichercodes haben typische Merkmale. Wenn Sie diese Eigenschaften kennen, werden Sie auch besser verstehen, wie die verschiedenen Prozesse ablaufen:

➡ Informationen im *Arbeitsgedächtnis* werden meist nach ihrem Klang gespeichert (**akustischer** Code).

➡ Informationen in der *Datenbank* werden meist nach ihrer Bedeutung abgelegt (**semantischer** Code).

➡ Informationen können nur so lange im *Arbeitsgedächtnis* bleiben, wie Sie sich ihrer bewusst sind.

➡ Informationen bleiben in der *Datenbank,* auch wenn Sie sie nicht beachten, doch es kann schwierig werden, sie wieder zu finden, weil sie durch andere Gedächtniscodes gestört werden.

➡ Die Kapazität des *Arbeitsgedächtnisses* ist begrenzt.

➡ Die Kapazität der *Datenbank* ist praktisch unbegrenzt.

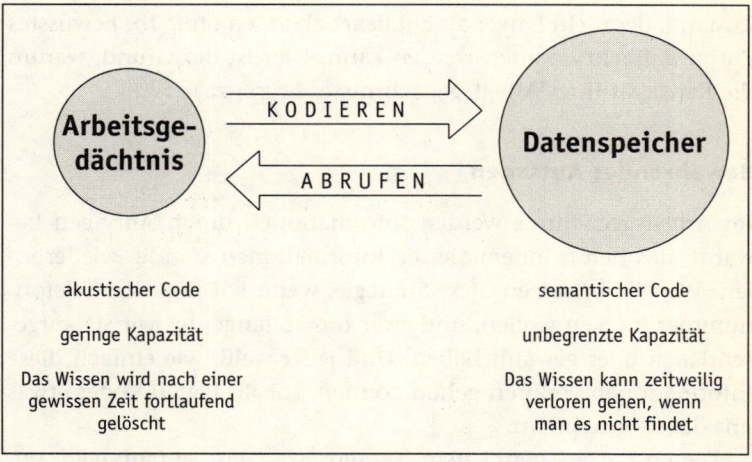

Arbeitsge-dächtnis → KODIEREN → **Datenspeicher**		
← ABRUFEN		
akustischer Code		semantischer Code
geringe Kapazität		unbegrenzte Kapazität
Das Wissen wird nach einer gewissen Zeit fortlaufend gelöscht		Das Wissen kann zeitweilig verloren gehen, wenn man es nicht findet

Informationen im Arbeitsgedächtnis behalten

Was sind die praktischen Auswirkungen dieser Unterschiede zwischen Arbeitsgedächtnis und Datenspeicher?

Der wichtigste Unterschied zwischen den aktiven Arbeitsgedächtniscodes und passiven Datenspeichercodes liegt wahrscheinlich in der Art und Weise, wie die Codes aufbewahrt werden. Ein Gedächtniscode kann in seinem passiv gespeicherten Zustand mühelos gelagert werden. Er kann zwar durch körperliche Schäden zerstört oder durch spätere Zusätze beschädigt werden, wenn er ist vielleicht schwierig zu finden, wenn er viele Jahre nicht abgerufen wurde. Doch er wird bewahrt, auch wenn Sie ihm keine bewusste Aufmerksamkeit schenken. Die Kapazität Ihrer Datenbank, Ihr erfolgreiches Abrufen bestimmter Gedächtniscodes und deren Widerstandsfähigkeit gegenüber Beschädigung oder Zerstörung, das alles hängt, wie in den vorherigen Kapiteln bereits besprochen wurde, von einem Hauptfaktor ab – der Organisation oder Gliederung.

Ein aktiver Arbeitsgedächtniscode ist jedoch nur ein temporärer Zustand, der nicht länger als ein paar Sekunden ohne Ihr bewusstes Zutun aufrecht erhalten werden kann. Dies ist der Grund, warum die Kapazität Ihres Arbeitsgedächtnisses begrenzt ist.

Bewahrendes Aufsagen

Im Arbeitsgedächtnis werden Informationen durch Aufsagen bewahrt, das heißt, indem Sie die Informationen ständig wiederholen. Wir alle benutzen diese Strategie, wenn wir uns eine Telefonnummer merken wollen, und zwar nur so lange, bis wir sie aufgeschrieben oder gewählt haben. Und jeder weiß, wie einfach diese Informationen verloren gehen können, sobald jemand oder etwas uns dabei unterbricht.

Diesen Prozess nennt man *bewahrendes Aufsagen* (aufsagen, um die Informationen im Arbeitsgedächtnis zu bewahren). Normalerweise reicht dieses ständige Wiederholen gerade aus, um die Information so lange zu erhalten, wie Sie sie vor sich her sagen. Sobald Sie damit aufhören, verschwindet die Information.

Die Notwendigkeit unserer ganzen Aufmerksamkeit begrenzt also die Kapazität des Arbeitsgedächtnisses. Sie können nur so viel bewahren, wie Sie gleichzeitig beachten können. Es ist wie beim Jonglieren: So lange Sie die Bälle in Bewegung halten, läuft es gut, doch wenn es so viele Bälle werden, dass Sie sie aus den Augen verlieren, sind Sie verloren und die Bälle stürzen ab. Die Information ist verloren.

Manche Menschen können besser jonglieren als andere. Doch wie mit den meisten Dingen ist auch dies eine Frage der Übung und nicht einfach angeborenes Können.

Es gibt natürlich physikalische Grenzen, was die Anzahl der Bälle beim Jonglieren anbetrifft, ganz egal wie viel Übung Sie haben. Profi-Jongleure erstaunen uns nicht, indem sie 30 Bälle kontrollieren, sondern indem sie mit den verschiedensten Gegenständen jonglieren. Fünf brennende Fackeln in der Luft zu halten ist viel beeindruckender als fünf Bälle. Ähnlich ist es mit dem Arbeitsgedächtnis: Auch wenn Sie seine Kapazität etwas erhöhen können, indem Sie Ihre Fähigkeit, auf mehrere Dinge gleichzeitig zu achten, steigern, hätten Sie doch viel mehr Erfolg, wenn Sie die Beschaffenheit Ihrer Informationsgruppen verändern könnten.

Der Fachbegriff für die Informationseinheiten, mit denen das Arbeitsgedächtnis arbeitet, ist *Ketten*. Ketten sind Ihre Jonglierbälle.

Kettenbildung

Als Kette bezeichnet man jede Informationseinheit, die nach irgendeiner Regel oder einem Muster organisiert ist. Die bekannteste Tatsache über das Arbeitsgedächtnis ist die, dass es nur rund sieben Informations-Ketten halten kann (zwischen fünf und neun). Dies sagt uns jedoch wenig über die Grenzen des Arbeitsgedächtnisses, denn die Größe einer Kette ist unbestimmt.

Wenn Sie sich z.B. eine Telefonnummer merken müssen, kann jede Ziffer für eine Kette stehen. Nehmen wir die Nummer 0821/6923. Wenn Sie jede Ziffer als eigenes Informationsstück behandeln, wie wenn Sie sie nur wiederholen, ist die gesamte Kapazität Ihres Arbeitsgedächtnisses verbraucht und Sie können sich in der Zwischenzeit auf nichts anderes mehr konzentrieren. Wenn Sie sich die Nummer jedoch für eine längere Zeit merken wollen, werden Sie wahrscheinlich versuchen, eine Gemeinsamkeit oder Beziehung zwischen den Zahlen zu finden, damit Sie sie sich leichter merken können. Sie können Sie etwa in drei Verbindungen aufteilen: (0821, 69, 23) oder in zwei (0821, 6923).

Wenn Sie alle Ziffern miteinander verknüpft haben, wird aus der achtstelligen Nummer eine einzige Kette.

Eine Kette kann man sich als ein verbales Etikett vorstellen, denn im Endeffekt ist sie ja eine Art Gruppe und man kann sie als geschlossene Einheit behandeln, sofern man ihr ein eigenes Schild zuweisen kann.

Die Länge einer Kette wird von ihrer Bedeutung bestimmt – und Bedeutung ist eine ganz subjektive Sache. Was für mich von Bedeutung ist, ist es nicht notwendigerweise auch für Sie.

Wie durch Kettenbildung die Menge an Information, die Sie gleichzeitig halten können, zunimmt:

Die meisten Menschen können etwa vier sinnlose Silben wiederholen, z.B.:
SUG KOL FEK GIX
aber nicht sechs:
RYN DEQ CUX GYT POB VED

Sie können sechs einsilbige Wörter wiederholen:
HUND RECHT KIND HANS MAUS MUT
aber nicht neun einsilbige Wörter:
BAUM HAUS KRAFT HASS TOPF WACHS HUT MACHT LIED

Sie können drei viersilbige Wörter wiederholen (= 12 Silben)
BLUMENKASTEN ZEREMONIE MAGENBITTER
aber nicht sechs viersilbige Wörter:
APFELKUCHEN GIPFELSTÜRMER CHAMÄLEON
FASTENWOCHE KIRCHENLIEDER VULKANAUSBRUCH

Doch sie können einen Satz aus 19 Wörtern wiederholen!
EIN STOFF, DER GRÜNDLICH GELERNT WURDE, IST STÄRKER
KODIERT UND DESHALB KANN ER SPÄTER AUCH WIEDER
SCHNELL ABGERUFEN WERDEN.

**Jede organisierte Informationseinheit, die für Sie
einen Sinn ergibt, nennt man Kette.**

**Durch Kettenbildung erhöhen Sie die
Informationsmenge, die Sie im Arbeitsgedächtnis
behalten können.**

Ich habe es so dargestellt, als wenn es an der Anzahl von Ketten liegen würde, wann Ihr Arbeitsspeicher voll ist. Neuere Forschungen haben jedoch ergeben, dass der einschränkende Faktor in Wirklichkeit die Zeit ist, die Sie brauchen, um die Wörter auszusprechen. Es scheint so, als könnten Sie im Arbeitsspeicher nur das behalten, was Sie in eineinhalb bis zwei Sekunden sagen können. Langsame Sprecher sind also benachteiligt.

Verbales Üben ist deshalb so wichtig, weil Arbeitsspeichercodes üblicherweise klangorientiert sind. Natürlich kann nicht jede Information in akustische Codes umgewandelt werden. Manche Informationen etwa können in Bildern ausgedrückt werden. Es scheint tatsächlich verschiedene Arbeitsbereiche zu geben: einen für Material, das gehört wird, einen für Material, das gesehen wird, einen für Material, das gerochen wird, einen für Material, das gefühlt wird usw. Zur Zeit weiß man noch nicht viel über die Art und

Weise, in der Informationen von anderen Sinnen als Augen oder Ohren verarbeitet wird.

Wie bewahrendes Aufsagen langfristiges Abrufen unterstützt

Einfaches Wiederholen kann Ihnen dabei helfen, Informationen zu erkennen.

Einfaches Wiederholen hilft normalerweise nicht beim *Abrufen*, weil:

● es Informationen in einem Sprach- (Akustik-) Code erhält.
● es keine Verbindungen zu möglichen semantischen Suchbegriffen bildet

Einfache Wiederholung kann den Abruf unterstützen, wenn:

● ein wesentlicher Teil des Gedächtniscodes eine akustische Information enthält
● Sie beim Abrufen akustische Suchbegriffe verwenden.

Bestimmen Sie Ihr Arbeitsgedächtnis

Das Arbeitsgedächtnis hat mehrere verschiedene Bestandteile, weshalb es kein einheitliches Maß zur Bestimmung seiner Kapazität gibt. Ihre Kapazität für Zahlen kann sich von der für Wörter sehr unterscheiden, und beide können sich wiederum von der Kapazität für Bilder unterscheiden.

Zahlenspanne

Dies bezieht sich auf die Anzahl von Zahlen, die Sie fehlerfrei und in der richtgen Reihenfolge wiederholen können. Um Ihre Zahlenspanne zu messen, schauen Sie auf die Seiten 223–224.

Eine durchschnittliche, untrainierte Person hat eine Zahlenspanne zwischen vier und elf Ziffern. Ein bisschen können Sie diese Spanne durch Übung vergrößern. Sie können sie vor allem deutlich vergrößern, indem Sie effektive Kodierungsstrategien entwickeln (und einsetzen). Im Grunde entspricht das der Kettenbildung: Sie müssen üben, Zahlengruppen als sinnvolle Ketten anzusehen.

Dafür müssen Sie ein paar gute Strukturen verinnerlicht haben. Manche Menschen benutzen dafür z.B. Sportergebnisse, Adressen oder Geburtstage. Andere sind der Ansicht, dass es für sie Sinn macht, Ziffern in Mark und Pfennig umzuwandeln. Wieder andere finden mathematische Beziehungen einfach zu merken (Beispiel: 632 ist leicht zu merken, wenn Sie es in 6:3=2 umwandeln).

Wortspanne

Wie viele Wörter Sie im Arbeitsgedächtnis behalten können, hängt davon ab, a) wie lang die Wörter sind und b) wie ähnlich sie klingen (Sie können ungleiche Wörter besser behalten). Ihr Wortspeicher beeinflusst Ihre Fähigkeit ungewohnte Wörter zu wiederholen und ist daher maßgebend für die Erweiterung Ihres Wortschatzes. Wie schnell Ihr Kind sprechen lernt und wie leicht Sie selbst eine Fremdsprache lernen – beides wird von diesem Aspekt Ihres Arbeitsgedächtnisses bestimmt.

Um Ihren Wortspeicher zu messen, schauen Sie auf Seite 224.

Lese- und Verständnisspanne

Ihre Fähigkeit, unbekannte Wörter zu wiederholen, bestimmt also die Erweiterung Ihres Wortschatzes. Doch Ihre Fähigkeit ganze Sätze zu verstehen, scheint von einem anderen Aspekt des Arbeitsgedächtnisses bestimmt zu werden. Um Ihre Verständnisspanne zu messen, schauen Sie auf die Seiten 226–228.

Vergrößern Sie Ihr Arbeitsgedächtnis

Die Kapazität des Arbeitsgedächtnisses bezieht sich aber nicht nur auf Speicherplatz – darauf, wie viel Information Sie gleichzeitig behalten können. Schließlich nennt man es nicht grundlos *Arbeits*gedächtnis – es enthält ja die Informationen, mit denen Sie gerade arbeiten. Das Verarbeiten von Informationen verbraucht ebenfalls einige Ihrer Ressourcen. Je mehr Ressourcen das Verarbeiten beansprucht, desto weniger Kapazität bleibt Ihnen fürs Abspeichern und desto weniger Informationen können Sie behalten. Je geschickter Sie im Verarbeiten sind, desto mehr Platz haben Sie für Ihre Informationen.

Mit anderen Worten: Wie auch immer Ihr Arbeitsgedächtnis aussieht, Sie können es verbessern, indem Sie sinnvolle Strategien derart perfektionieren, dass Sie für die Verarbeitung nur noch minimalen Aufwand haben (je geübter Sie sind, desto weniger aufwendig ist die Verarbeitung).

Ein besseres Arbeitsgedächtnis hilft Ihnen

- bessere Ketten zu bilden
- mehr Verbindungen herzustellen
- Themen zu abstrahieren
- neue Codes mit alten zu verknüpfen.

Ein besseres Arbeitsgedächtnis verhilft Ihnen zwar zu einem Vorsprung, doch die Regeln sind immer noch die gleichen. Wichtig ist nicht, ob Sie eine hohe Arbeitsgedächtniskapazität haben, sondern ob Sie passende Kodierungsstrategien beherrschen. Wenn Sie jedoch Ihre Kapazität einschätzen können, können Sie entscheiden, welche Strategien Ihnen nützlich sind.

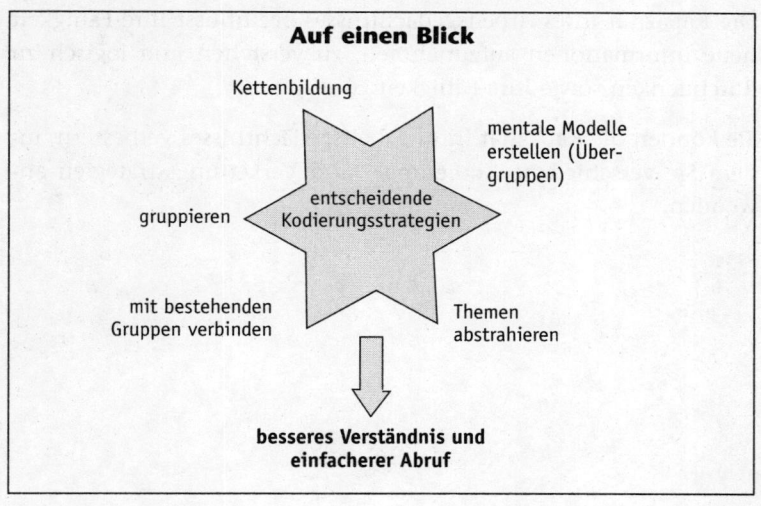

Die wichtigsten Punkte

Um Gedächtniscodes in Ihrem festen Datenspeicher abzulegen, müssen die Informationen aus einem Arbeitsgedächtniscode in einen Datenspeichercode umgewandelt werden (kodieren).

Zum Auffinden von Gedächtniscodes in Ihrem Datenspeicher (Erinnern) muss der Datenspeichercode gefunden und in einen Arbeitsgedächtniscode umgewandelt (aktiviert) werden.

Manchmal wird eine Information nicht kodiert, weil zu viele Informationen gleichzeitig in das Arbeitsgedächtnis aufgenommen werden.

Obwohl das Arbeitsgedächtnis eine sehr begrenzte Kapazität hat, können verschiedene Menschen unterschiedlich viel im Arbeitsgedächtnis behalten.

Die Kapazität Ihres Arbeitsgedächtnisses beeinflusst Ihre Fähigkeit neue Informationen aufzunehmen, zu verstehen und logisch zu durchdenken sowie Ihre Fähigkeit zu rechnen.

Sie können die Kapazität Ihres Arbeitsgedächtnisses verbessern, indem Sie verschiedene Kodierungs- und Verkettungsstrategien anwenden.

7 Rückblick

Erinnern – Situation 1

Sie sind mit ein paar Freunden beim Abendessen im Restaurant. Die Kellnerin hat das Menü erläutert und Fragen zu den Zutaten verschiedener Gerichte beantwortet. Sie wollten eigentlich Fisch nehmen, aber nachdem Sie die Karte ein paar Minuten studiert haben, entscheiden Sie sich für Geflügel. Doch welches Gericht? Sie haben nicht aufgepasst, als die Kellnerin sie beschrieben hat. Nun müssen Sie sie bitten, es nochmal zu wiederholen.

Das Prinzip
Sie gestalten Ihre Gedächtniscodes, indem Sie auswählen, was Sie speichern möchten.

Erinnern – Situation 2

Sie hetzen mit dem Geburtstagsgeschenk Ihres Freundes zum Postamt, stecken es in einen Eilpostumschlag und erstarren. Sie haben Ihr Adressbuch zu Hause liegen lassen. Das Problem ist, dass Ihr Freund öfters umgezogen ist. Sie erinnern sich an zwei oder drei verschiedene Adressen, doch welche ist die richtige?

Das Prinzip
Gedächtniscodes sind in einem Netzwerk miteinander verbunden.

Erinnern – Situation 3

Sie halten an, um nach dem Weg zu fragen. Ein Passant erklärt Ihnen: „Geradeaus bis zur Ampel, nach links abbiegen, dann weiter bis Sie zu dem Käsegeschäft an der Ecke kommen, nach rechts abbiegen, geradeaus über den Kreisverkehr, dann ist es die zweite Straße auf der linken Seite." Sie kommen zum Käsegeschäft und zögern. Hat er rechts oder links gesagt?

Das Prinzip

Wenn Sie einen Code speichern oder abrufen, wird er aktiviert (im Arbeitsgedächtnis). Wenn Sie versuchen, zu viel in Ihr Arbeitsgedächtnis zu stecken, wird es unmöglich, alles zu kodieren.

Erinnern – Situation 4

In der Bibliothek sagt man Ihnen, dass Sie vergessen haben, ein Buch zurückzugeben. Sie glauben schon, dass Sie es abgegeben haben, doch Sie sind sich nicht sicher. Sie suchen die Quittung heraus, auf der aufgelistet ist, welche Bücher Sie gleichzeitig mit dem vermissten ausgeliehen haben. Indem Sie sich das Cover des Buches vorstellen, versuchen Sie sich zu erinnern, ob Sie es mit den anderen zurückgegeben haben. Sie sind sich immer noch nicht sicher. Nun erinnern Sie sich, dass es das letzte Mal, als Sie in der Bibliothek waren, in Strömen geregnet hat und Sie in Eile waren, um noch vor Ladenschluss in die Geschäfte zu kommen. Jetzt steht Ihnen die Situation wieder vor Augen. Und nun erinnern Sie sich auch wieder deutlich an das Cover, das Sie mit den anderen auf die Theke gelegt haben.

Das Prinzip

Um einen Code abzurufen, folgen Sie dem Weg eines Suchbegriffs – Codes aktivieren sich entlang der zwischenliegenden Verbindungen gegenseitig.

Erinnern – Situation 5

Aber unglücklicherweise haben Sie sich beim Cover des Buches geirrt. Statt einem hübschen Deckel in gelb und grau und einer Aquarell-Zeichnung war es in Wirklichkeit ein einfacher blauer Umschlag. Sie erinnerten sich daran, dass Sie das gelb-graue Buch zurückgegeben haben, doch das war nicht das fehlende Buch.

Das Prinzip

Ihre Vorstellung vom Ziel – Ihr Kurs – hilft Ihnen, sich für einen Pfad zu entscheiden.

Erinnern – Situation 6

Sie erkennen ein Gesicht auf der Straße, können sich jedoch nicht sofort daran erinnern, wer es ist. Dann sehen Sie, dass der Mann die Tüte eines Spielwarengeschäfts bei sich hat. Ein Vater, denken Sie. Und Sie beginnen die verschiedenen kinderbezogenen Aktivitäten durchzugehen, in die Sie eingebunden sind.

Das Prinzip

Welchen Weg Sie einschlagen, wird vom ersten Suchbegriff und Ihrer Einschätzung der Situation beeinflusst.

Erinnern – Situation 7

Sie können sich leider noch immer nicht erinnern, wo Sie diesen Mann schon einmal gesehen haben, doch dann betritt er ein Bürogebäude. Neugierig schauen Sie ihm nach und sehen ihn im Foyer auf den Aufzug warten. Natürlich, daher kennen Sie ihn! Ein früherer gemeinsamer Arbeitsplatz, vor vielen Jahren.

Das Prinzip

Je ähnlicher der Kodierungs- und Abrufkontext sind, desto wahrscheinlich ist es, dass der erste Suchbegriff und der Abrufkontext Sie in die richtige Richtung führen werden.

Erinnern – Situation 8

Doch vielleicht haben Sie nicht gesehen, wie er auf den Aufzug wartete. Jetzt könnten Sie Ihre ganze Vergangenheit durchforsten. Woher um Himmels willen kennen Sie diese Person? Im Geiste gehen Sie systematisch alle Orte durch, in denen Sie jemals gewohnt haben, alle Organisationen, in denen Sie engagiert waren, alle Firmen, in denen Sie gearbeitet haben.

Das Prinzip

Je weniger hilfreich der erste Suchbegriff und der Kontext sind, desto wichtiger ist es, dass Sie sich andere mögliche Abrufhilfen ausdenken können.

Erinnern – Situation 9

Sie sind in einem großen Restaurant und haben Ihre Mahlzeit halb beendet. Nun wollen Sie Ihre Kellnerin um ein Glas Wasser bitten, doch als Sie sich umsehen, wissen Sie nicht, wer Ihre Kellnerin ist.

Das Prinzip

Abrufstrategien sind nicht unbegrenzt hilfreich – der wirkliche Schlüssel zu einem guten Gedächtnis liegt im Kodieren.

Erinnern – Situation 10

Sie sind bei einem Empfang in der Firma Ihres Partners. Viele Leute haben Sie bisher erst einmal gesehen, beim Empfang im letzten Jahr. Sie wissen nicht einmal genau, wer dort arbeitet, und wer die Ehepartner sind.

Das Prinzip

Verbindungen sind stark, wenn sie oft aktiviert worden sind.

Erinnern – Situation 11

Doch glücklicherweise haben Sie im letzten Jahr versucht, sich die Leute zu merken, die für Ihren Partner wichtig sind. Weil Ihnen ihre Namen schon geläufig waren, haben Sie sich schon vor dem Empfang die Eigenheiten der Namen vor Augen geführt und so konnten Sie sich darauf konzentrieren, Besonderheiten oder Unverwechselbarkeiten in den Gesichtern zu suchen und sie mit den Namen zu verbinden.

Das Prinzip

Damit ein Code leicht auffindbar ist, muss er unverwechselbar und fest mit vielen anderen Codes verbunden sein.

Um sich an Informationen erinnern zu können, die nicht bedeutungsvoll sind, muss man ihnen eine Bedeutung geben, entweder durch eine Verbindung oder durch Übertragung.

Erinnern – Situation 12

Sehr beeindruckend ist es für die Leute, mit denen Sie sich unterhalten, dass Sie sich sogar einige persönliche Details über sie gemerkt haben. Vielleicht hat jemand über sein Engagement als Elternsprecher an der Schule seiner Kinder gesprochen und über die vielfältigen Probleme, die es dort gibt. Beispielsweise vom Graffiti, das am Wochenende auf die Mauern gesprayt wird, oder von der Entscheidung, ob einige verhaltensauffällige Kinder von einer anderen Schule aufgenommen werden sollen. Außerdem erzählte er von der Schwierigkeit der Schulverwaltung, jemand für das Amt des Kassenwarts zu gewinnen. Nachdem Sie mit der Person gesprochen hatten, hatten Sie sich ein paar Momente Zeit genommen, um die Punkte noch einmal durchzugehen. Dabei achteten Sie darauf, den

Code mit ein paar besonderen Details zu erweitern und mit bestimmten Erfahrungen, die Sie bereits gespeichert haben, zu verbinden (wie das Graffiti, das Sie einst an Ihrem eigenen Zaun hatten). Da Sie selber Kinder haben, war das Stichwort „Elternbeirat"
bedeutungsvoll genug, um als Auslöser gut zu funktionieren.

Wenn Sie wieder mit dieser Person zusammentreffen, haben Sie
einen guten Anknüpfungspunkt zum Gespräch, und Sie werden sie
mit Ihrem guten Gedächtnis beeindrucken!

Das Prinzip

Verbindungen, die Teil einer sinnvollen, fest integrierten Gruppe sind, werden öfter aktiviert (jedes Mal, wenn ein Teil der
Gruppe aktiviert wird, wird jede Verbindung darin genauso aktiviert).
Eine Gruppe, die ein organisches Ganzes bildet, kann mit einem
gemeinsamen Etikett abgelegt werden.

Erinnern – Situation 13

In Ihrer Unterhaltung hatten Sie einige Themen angesprochen, wo-
von drei wahrscheinlich längerfristig interessant sind – das heißt,
auch noch im nächsten Jahr, beim nächsten Empfang. Also gaben
Sie sich Mühe, die Details in drei verschiedenen Gruppen mit den
Namen „Elternbeirat", „Tennis" und „Ferienhaus" abzulegen.
Wenn Sie nach Ähnlichkeiten zwischen den Gruppen suchen,
merken Sie, dass Geld (Elternbeirat: kein Kassenwart; Tennis: hohe
Ausgaben für Mitgliedschaft und Ausrüstung; Ferienhaus: hohe
Kosten) ein immer wiederkehrender Faktor ist. Zeit ist dies ebenso
(Elternbeirat: kostet zu viel Zeit; Tennis: schwierig mit anderen
Verpflichtungen unter einen Hut zu bringen; Ferienhaus: lohnt
sich nur, wenn man öfters lange Wochenenden dort verbringen
kann). Wenn Sie tiefer blicken, werden Sie merken, dass auch der
Stolz auf die Kinder ein wiederkehrendes Thema ist. Er ist stolz auf
ihre Tennis- und Skikenntnisse (das Ferienhaus ist in einem Skige-

biet) und dies ist sicher auch Teil der Elternbeirat-Gruppe, denn der Grund für sein Engagement in der Schule ist natürlich auch die Verbundenheit mit seinen Kindern. Mit diesen Gemeinsamkeiten können Sie die beiden Gruppen verbinden.

Das Prinzip

Ein integriertes Netzwerk von Gruppen kann als eine Einheit behandelt werden – eine Art Übergruppe.

Ihre Fähigkeit Informationen sinnvoll zu verbinden, allgemeine Themen zu abstrahieren und neue Informationen in bestehende Gruppen und Netzwerken einzubinden, wird von der Kapazität Ihres Arbeitsgedächtnisses beeinflusst, doch das Wichtigste dabei ist, ob Sie die passenden Strategien anwenden können.

Effektive Strategien und ihr Einsatz werden im nächsten Kapitel behandelt.

8 Verschiedene Gedächtnisbereiche identifizieren

Das Gedächtnis ist nicht nur ein System, sondern ein System von Systemen. Die verschiedenen Bereiche des Gedächtnisses haben unterschiedliche Prinzipien, die bestimmen, welche Informationen ausgewählt und verarbeitet werden und wie deiese geordnet werden. Um die jeweiligen Gedächtnisaufgaben mit den richtigen Strategien anzugehen, müssen Sie wissen, welche Gedächtnisbereiche es gibt und wie sich diese voneinander unterscheiden.

Information ist nicht gleich Information. Verschiedene Informationsarten müssen auch unterschiedlich bearbeitet werden. Die Information, die wir einem Gesichtsausdruck entnehmen, wird nicht in gleicher Weise weiter verarbeitet wie die Information aus einem Lehrbuch. An ein Gefühl der Trauer erinnern wir uns auf eine andere Art und Weise als an einen Restaurantbesuch.

Das erscheint Ihnen wahrscheinlich ganz selbstverständlich. Wenn Menschen jedoch über Gedächtnis sprechen, meinen sie meist eine einzige Sache. Unser Gedächtnis ist jedoch nicht ein „Ding". Unser Gedächtnis ist ein Prozess.

Ein „schlechtes Gedächtnis" an sich gibt es nicht. Es gibt nur Gedächtnisbereiche, mit denen Sie nicht gewohnt sind zu arbeiten.

Die Unterschiede zwischen den einzelnen Informationsarten sind nicht immer so offensichtlich, wie im Fall von Ereignissen und Gefühlen, Gesichtern und Fakten.

Hier ist ein Beispiel mit zwei ähnlich scheinenden Aufgabenstellungen: (1) Sie erinnern sich an den Besuch eines Pavarotti-Konzerts. Ihnen fällt jedoch nicht auf Anhieb ein, in wessen Begleitung Sie waren. (2) Sie begegnen einem bekannten Gesicht, können sich jedoch nicht spontan daran erinnern, wer diese Person ist.

Die beste Methode um sich an den Namen Ihrer Konzertbegleitung zu erinnern, wird nicht die gleiche sein, wie um herauszufinden welcher Name zu dem bekannten Gesicht gehört. Die Methoden sind unterschiedlich, da die Information, die Sie brauchen, um sich an eine Person zu erinnern, mit der Sie gemeinsam etwas erlebten, in den Bereich „persönliche Identität" fällt, wohingegen die Information, die Sie benötigen, um eine Person, der Sie gegenüber stehen wiederzuerkennen, in den Bereich „Ereignisse" fällt.

> **Unterschiede zwischen Informationsarten sind bedeutend, wenn sie sich auf verschiedene Gedächtnisbereiche beziehen.**

Die Kenntnis der verschiedenen Gedächtnisbereiche hilft Ihnen:

- bei der Unterscheidung von Informationsarten
- bei der Unterscheidung von Gedächtnisaufgaben
- beim Erkennen der richtigen Methode

Das Wissensgedächtnis

Das Wissensgedächtnis beinhaltet Sprache und „Fakten" – Information in ihrer engeren, allgemein üblichen Bedeutung. Ihre Kenntnis darüber, dass Mieter Nebenkosten an den Vermieter zu entrichten haben, die Heizkosten, Gebäudereinigung, Müllentsorgung etc. abdecken, ist in Ihrem Wissensgedächtnis gelagert. Ihr Wissen darüber, dass diese Kosten als Nebenkosten bezeichnet werden, ist ebenfalls Teil Ihres Wissensgedächtnisses. Zu wissen, dass Sie im halben Jahr 1600 Mark Nebenkosten zahlen, gehört jedoch zum persönlichen Gedächtnis.

Lange Zeit wurde angenommen, dass sich das Wissensgedächtnis um Begriffe organisiert, Begriffe wie das „Thema" einer Kategorie. Kategorien können wir auch als Gruppierungen oder Übergruppierungen verstehen. Die Mitglieder einer bestimmten Kategorie gehören zusammen, weil sie alle Beispiele für das jeweilige Thema sind. Ihr Verbindungsglied ist ihre Ähnlichkeit.

So gehört eine Hauskatze in die Kategorie (Gruppierung) „Katze" und in die übergeordnete Kategorie (Übergruppierung) „Säugetier". Löwen, Tiger, Leoparden etc. gehören ebenfalls zur Kategorie „Katze", da sie sozusagen Beispiele für „Katzenartigkeit" sind. Mit anderen Worten: Auf Grund von gleichen Merkmalen kommt eine Ähnlichkeit zustande.

Kategorien sind hierarchisch angeordnet, das heißt, untergeordnete Ebenen werden immer weniger abstrakt, wie das nebenstehende Diagramm zeigt.

Mit jeder dieser Kategorien werden unterschiedliche Informationen assoziiert. Das bedeutet: Wenn Sie z.B. gefragt würden, ob ein Spaniel lange Ohren hat, würden Sie auf die konkrete Information zu „Spaniel" zurückgreifen. Würde man Sie jedoch fragen, ob ein Spaniel lebende Junge zur Welt bringt, würden Sie die entsprechende Information unter „Säugetier" finden. Natürlich braucht es mehr Zeit eine Information in miteinander verbundenen Kategorien zu finden, als in der Zielkategorie selbst.

Lebewesen
|
Tier
|
Säugetier
|
Primat
|
Mensch

Wenn Sie gefragt würden, ob ein Spaniel Eier legt, würde das Auffinden sogar noch länger dauern, da Eigenschaften, die eine Kategorie *nicht* besitzt, nur selten ausdrücklich gespeichert werden. Es ist sogar noch schwieriger einen Musterfall als Mitglied einer Kategorie zu verwerfen, wenn beide Dinge zu verbundenen Kategorien gehören – z.B. werden Sie länger benötigen um zu entscheiden, dass ein Baum kein Tier ist (beides Lebewesen), als Sie für die Entscheidung, dass ein Ziegelstein kein Tier ist, bräuchten.

Die Tatsache, dass unser Wissensgedächtnis in Kategorien unterteilt ist, erklärt warum Gruppenstichwörter für das Auffinden von Informationen wesentlich effektiver sind, als alphabetische Stichwörter.

**Setzen Sie Ihr Wissen über Kategorien ein,
um effektiver zu suchen.**

Übung 8.1

Schreiben Sie in zehn Sekunden alle Wörter auf, die mit N beginnen. Nun geben Sie sich nochmals zehn Sekunden, um möglichst viele Mitglieder der Kategorie „Obst" niederzuschreiben.

Obwohl es wesentlich mehr Wörter gibt, die mit dem Buchstaben N beginnen, als die Kategorie „Obst" Mitglieder hat, haben Sie wahrscheinlich mehr Obstsorten als Wörter mit dem Anfangsbuchstaben N niedergeschrieben.

Unterschiede zwischen Experten und Anfängern:

- Experten haben *mehr* Kategorien
- Experten haben *ergiebigere* Kategorien
- Experten-Kategorien liegen tiefere Prinzipien zugrunde
- Anfänger-Kategorien betonen oberflächliche Ähnlichkeitsmerkmale

Das persönliche Gedächtnis

Obwohl unsere westliche Kultur vor allem Gewicht auf die Verbesserung des Wissensgedächtnisses legt, ist das persönliche Gedächtnis mindestens ebenso wichtig und wesentlich komplexer. Das persönliche Gedächtnis enthält mehrere unterschiedliche Gedächtnisbereiche. Deshalb sind viel mehr unterschiedliche Strategien notwendig, um mit diesen unterschiedlichen Bereichen zu arbeiten.

Von den 13 häufigen Gedächtnisproblemen, die wir in Kapitel 1 aufgelistet haben, betreffen lediglich zwei das Wissensgedächtnis.

Das persönliche Gedächtnis umfasst mindestens vier Bereiche, zwei davon beinhalten wiederum mehrere eigene Bereiche.

Ihr Gedächtnis über Sie selbst

Das **autobiografische Gedächtnis** ist der Gedächtnisbereich, der die Informationen, die Sie über sich selbst gespeichert haben, beinhaltet. In diesem Bereich finden sich Informationen, wie z.B. ob Sie Eis mögen oder nicht, was Ihre Lieblingsfarbe ist, wie Sie über eine politische Partei denken usw. (**Selbstbeschreibung**). Dieser Bereich beinhaltet den größten Teil Ihres Identitätsgefühls.

Ein weiterer Bereich ist das **emotionale Gedächtnis**. Dieser Gedächtnistyp hilft uns bei der Kontrolle unserer Stimmungen. Wir können eine Stimmung aufrechterhalten, indem wir bei entsprechenden Erinnerungen verweilen; ebenso können wir sie ändern, indem wir uns an etwas erinnern, das mit ganz anderen Gefühlsregungen in Verbindung steht.

Allerdings haben die wenigsten Menschen Schwierigkeiten, sich an Gefühle oder ihre eigene Identität zu erinnern. Der Bereich, der innerhalb des persönlichen Gedächtnisses für uns von Interesse ist, ist der Ereignis-Bereich.

Innerhalb des **Ereignisgedächtnisses** befinden sich wiederum drei verwandte Bereiche:

➠ das Gedächtnis für bestimmte Ereignisse, die Sie erlebt haben
➠ das Gedächtnis für allgemeine Begebenheiten, das Ihnen eine grobe Reihenfolge von Ereignissen vorgibt, wie z.B. der Ablauf eines Restaurantbesuchs oder eines Zahnarzttermins
➠ eine Kurzzusammenfassung Ihres Lebens, die es Ihnen ermöglicht, Fragen zu beantworten wie: „Wo gingen Sie zur Schule?", „Bei welchem Unternehmen waren Sie im letzten Jahr beschäftigt?"

Diese Bereiche kann man sich hierarisch aufgebaut vorstellen, wie in nebenstehendem Diagramm gezeigt.

Der Zugang zum Ereignis-Bereich erfolgt in der Regel über die Ebene „allgemeine Ereignisse". Mit anderen Worten: Wenn Sie sich daran erinnern möchten, wann Sie zum ersten Mal *Krieg der Sterne* gesehen haben, würden Sie zuerst das allgemeine Ereignis „ins Kino gehen" betrachten. Da Informationen auf dieser Ebene relativ häufig abgefragt werden, sind diese normalerweise auch recht leicht zu finden – so einfach, dass es Ihnen wahrscheinlich gar nicht auffällt, dass Sie danach suchen.

Die Erinnerungen, mit denen wir meistens Probleme haben, beziehen sich auf konkrete Ereignisse. Wann war ich das letzte Mal im Kino? Habe ich diesen Roman schon gelesen?

Wohin habe ich vor zwei Jahren eine Wandertour gemacht? Mit wem habe ich mir *Schlaflos in Seattle* angesehen?

Da wir auf das Ereignisgedächtnis in der Regel über die allgemeine Ereignis-Ebene zugreifen und da sich die Information, die wir suchen, zumeist auf der Ebene der konkreten Ereignisse befindet, sollten wir uns etwas Zeit nehmen, die Beziehung dieser zwei unterschiedlichen Bereiche zueinander zu klären.

Stellen Sie sich vor, dass Sie bisher nur einmal in Ihrem Leben im Zirkus waren. Wenn dem so wäre, würden Sie sich wahrscheinlich sofort an dieses Ereignis erinnern. Wären Sie schon zwei Mal dagewesen, würden Sie sich wahrscheinlich an jedes Mal erinnern, obwohl vielleicht schon eine gewisse Unsicherheit aufkommen könnte, zu welchem der beiden Male eine bestimmte Einzelheit nun gehört. Wären Sie jedoch schon viele Male im Zirkus gewesen, hätten Sie bereits ein allgemeines **Schema** für dieses Ereignis entwickelt. Die getrennten Ereignisse wären zusammengeflossen zu diesem allgemeinen Ereignis und an die Einzelerlebnisse würden Sie sich nur noch erinnern, wenn Sie durch etwas Außergewöhnliches hervorgehoben würden.

Sie erinnern sich wahrscheinlich an das erste Mal. Wahrscheinlich blieb Ihnen auch das letzte Mal im Gedächtnis haften. Sie erinnern sich vielleicht an das eine Mal, als Sie sich so verspätet hatten oder an das andere Mal, als ein Kind sich übergeben hat und alles auf Ihren Schuhen landete. Aber im Großen und Ganzen sind die einzelnen Ereignisse für Sie verloren. Was Sie *nicht* vergessen werden ist das allgemeine Ereignis eines Zirkusbesuchs – also die Teile des Ereignisses, die meist gleich sind. Vielleicht der Platz, die Verkaufsstände, die Zirkusnummern. Vielleicht ein Gefühl der Erregung, ein besonderer Geruch, ein Musikstück oder eine bestimmte Tageszeit.

Je öfter Sie ein bestimmtes Ereignis erleben, umso intensiver wird Ihre Erinnerung für diese Art von Ereignis, aber umso schlechter werden Sie sich an die konkreten Begebenheiten erinnern können. Deshalb haben Sie auch solche Probleme, sich an die Einzelheiten Ihres Einkaufs im Supermarkt vor zwei Wochen zu erinnern.

Es kann sogar vorkommen, dass dieses allgemeine Schema so stark wird, dass Sie eventuell glauben, etwas hätte sich ereignet, und zwar nur, weil es so gut in den Rahmen Ihres Musters hineinpasst.

> **Ihr Gedächtnis für Ereignisse spiegelt auch wieder, was Sie *erwarten* und nicht nur, was sich wirklich ereignet *hat*.**

Die Stärke eines Schemas bestimmt wahrscheinlich auch, warum man sich an erste Erfahrungen in der Regel besser erinnert – beim erstmaligen Eintreten einer Begebenheit verfügen Sie noch über kein abrufbares Schema, Sie müssen sich erst eins konstruieren. Die darauffolgenden Erfahrungen müssen im Hinblick auf dieses Schema interpretiert und kodiert werden.

Genauso gilt, dass für erwartete Ereignisse bereits ein Schema vorliegt, ehe diese überhaupt eintreffen – deshalb erinnert man sich besser an unerwartete und ganz neue Erlebnisse.

Je mehr ein Vorfall von Ihrem Schema für diese Art von Ereignis abweicht, umso besser werden Sie sich an die jeweilige Begebenheit erinnern. (Erinnerungslücken bei trivialen Geschehnissen – wie z.B., wo wir etwas hingelegt oder ob wir etwas schon erledigt haben – lassen sich darauf zurückführen, dass wir Routinehandlungen, für die es ja bereits ein Muster gibt, wenig Aufmerksamkeit schenken.)

> **Um sich an ein Ereignis zu erinnern, müssen Sie so viele unterscheidungskräftige Suchbegriffe wie möglich sammeln.**

Ihr Gedächtnis für persönlich erlebte Ereignisse

- beinhaltet Gedächtniscodes für stereotype Ereignismerkmale und Codes, die die entscheidenden Ereignisse in Ihrem Leben zusammenfassen,
- wird von Ihrem Gedächtnis für stereotype Ereignisschemata beeinflusst,
- ist klarer und genauer, wenn es viele Unterscheidungspunkte gibt.

Gibt es prägnante und weniger prägnante Unterscheidungsmerkmale? Ein holländischer Psychologe namens *William Wagenaar* führte sechs Jahre lang ein sehr ausführliches Tagebuch, in dem er festhielt, *wer* an einem Ereignis beteiligt war, *was* das Ereignis war sowie *wo* und *wann* es sich zugetragen hatte. Am Ende seiner Studie hielt er fest, dass die beste Abrufhilfe das *Was* ist, gefolgt vom *Wer*, dann dem *Wo* und an letzter Stelle dem *Wann*.

Der Hauptunterschied dieser Details in ihrer Funktion als wirkungsvolle Erinnerungshinweise liegt in ihrer jeweiligen Besonderheit – *Was* ist in der Regel am Herausragendsten, wohingegen *Wann* am uninteressantesten ist. Je mehr ein Ereignis zur Routine wird, umso weniger Bedeutung bekommt das *Was* und umso größer ist die Notwendigkeit, nach etwas Außergewöhnlichem zu suchen, um das Ereignis hervorzuheben.

Es ist wichtig festzuhalten, was für eine schlechte Erinnerungshilfe das *Wann* ist. Leider sind wir von der Zeit gehetzte Kreaturen, deshalb wollen wir auch immer wissen, wann etwas geschehen ist. Um uns an das *Wann* zu erinnern, müssen wir es meist herausarbeiten, indem wir es mit anderen Ereignissen in Verbindung bringen. Aus diesem Grund ist es sinnvoll, ein paar **Meilenstein-Ereignisse** als **Orientierungspunkte** zu setzen, zu denen wir mit Leichtigkeit Zugang finden.

Für mich hat sich das Datieren von Ereignissen in den letzten zehn Jahren erheblich vereinfacht, und zwar aus dem ganz einfachen Grund, dass ich seit dieser Zeit Kinder habe. Kinder sind unglaublich praktisch, um Meilenstein-Ereignisse zu liefern. Wann immer ich gefragt werde, wann wir in unser jetziges Haus eingezogen sind, muss ich mich nur daran erinnern, dass wir den dritten Geburtstag unseres Sohnes kurz nach dem Einzug im neuen Haus feierten. Von diesem Erinnerungsstützpunkt aus ist der Rest ein Leichtes für mich (da auch das jetzige Alter meines Sohnes sofort abrufbar ist).

Je mehr Meilenstein-Ereignisse Sie haben, umso einfacher ist es, ein bestimmtes Ereignis am nächst gelegenen Orientierungspunkt anzuknüpfen. Deshalb lohnt es sich, in regelmäßigen Abständen Zeit in das Setzen solcher Meilenstein-Ereignisse zu investieren.

Ein Meilenstein-Ereignis:

- ist einfach zugänglich
- fällt auf ein Datum, das für Sie Erinnerungswert oder Bedeutung besitzt

---

Je mehr erinnerungswürdige Ereignisse es in Ihrem Leben gibt, desto mehr Meilenstein-Ereignisse sind wahrscheinlich für Sie vorhanden.

Gedächtnis für andere Menschen

Das persönliche Gedächtnis beinhaltet auch das **soziale Gedächtnis** – das Gedächtnis für andere Menschen und deren Verhaltensweisen, welches es Ihnen ermöglicht, Beziehungen einzugehen und Teil einer gesellschaftlichen Gruppierung zu werden.

Im sozialen Gedächtnis befindet sich der Bereich, der mehr als jeder andere dazu beiträgt, dass Menschen glauben, sie hätten Probleme mit ihrem Erinnerungsvermögen: **das Identitätsgedächtnis**. Sich an die Namen anderer Menschen erinnern zu können, ist eine der Gedächtnisaufgaben, die die meisten Menschen verbessern möchten. Der Grund dafür ist jedoch nicht, dass dieser Gedächtnisbereich so besonders schlecht ist, sondern dass es so unglaublich peinlich ist, wenn einen sein Gedächtnis in diesen Situationen im Stich lässt.

Tatsache ist, dass wir ein beachtlich gutes Gedächtnis für Gesichter haben. Unser Gedächtnisbereich für diesen speziellen Informationstyp ist nicht nur umfassend, sondern auch sehr komplex.

Fällt es Ihnen nicht erstaunlich leicht, zwischen hunderten, ja sogar tausenden von menschlichen Gesichtern zu unterscheiden, wohingegen Sie erhebliche Schwierigkeiten bekommen, wenn Sie Vogel-, Hunde- oder Affengesichter unterscheiden sollen? Dies liegt jedoch nicht daran, dass Menschengesichter mehr Besonderheiten aufweisen als Tiergesichter. Denken Sie einmal daran, wie kompliziert es für Sie ist, sich die Gesichter einer anderen menschlichen Rasse einzuprägen; man denkt sogar oft, Menschen anderer Kulturen sähen alle gleich aus.

Chinesische, afrikanische oder polynesische Gesichter sind jedoch nicht weniger unterschiedlich als europäische. Die Unterscheidungsmerkmale zwischen allen menschlichen Gesichtern sind nur so subtil, dass es einem einiges an Erfahrung abverlangt, sich diese einzuprägen. Wie wichtig es ist zu lernen, diese subtilen Verschiedenheiten zu erkennen, zeigt sich schon daran, wie intensiv Babys Gesichter fokussieren und diese anderen Betrachtungsobjekten vorziehen.

Unser Gedächtnis für andere Personen geht natürlich über Gesichter hinaus, obwohl dieser Teil wahrscheinlich die beeindruckendste Fähigkeit darstellt. Wir erinnern uns ebenfalls an Personennamen und Einzelheiten aus den jeweiligen Biografien. Wir erkennen Menschen an ihrer Stimme oder schon aus der Ferne an ihrer Gestalt oder der Art, wie sie sich sich bewegen, oder sogar an ihrer Kleidung. Das Gesicht bleibt jedoch der verlässlichste Anhaltspunkt, um eine Person zu identifizieren.

Es gibt drei Wege, eine Person zu „erkennen":

➡ Wir können sie erkennen als jemanden, den wir schon einmal gesehen haben, ohne dass uns irgend etwas zu diesem Menschen einfällt.
➡ Wir können sie als eine bestimmte Person identifizieren, ohne uns an ihren Namen zu erinnern („das ist ein Freund meines Sohnes").
➡ Wir können sie durch ihren Namen identifizieren.

Wenn Sie darüber nachdenken, wird Ihnen auffallen, dass Sie sich nie an den Namen einer Person erinnern, ohne dass Sie auch wissen wer sie ist. Der Grund hierfür liegt darin, dass Namen in einer extra Gruppierung zu biografischen Einzelheiten gespeichert werden und nur durch diese Gruppierung mit den biografischen Einzelheiten für uns zugänglich sind. Ihnen werden auch nie Informationen zu jemandem einfallen, wenn Ihnen dieser Mensch nicht bekannt vorkommt. Dies hört sich alles furchtbar offensichtlich an, doch es gibt einen Krankheitszustand, bei dem eine Person, während sie die Menschen um sich herum erkennt, glaubt, diese seien durch Doppelgänger ersetzt worden (Betrüger, Roboter, Außerirdische usw.). Dies liegt daran, dass sich das normalerweise auftretende Begleitgefühl der Vertrautheit nicht einstellt.

Es gibt drei Arten von Identitätsinformationen, die entscheidend sind, um eine Person zu erkennen:

➡ **Strukturelle Codes** (körperliche Merkmale)
➡ **Semantische Codes** (biografische Einzelheiten, z.B. Beruf, Ehestand, Adresse)
➡ **Namenscodes**

Es gibt noch einen vierten Code, der sehr hilfreich ist, wenn man sich an fremde Gesichter erinnern möchte:

➡ visuell abgeleitete semantische Codes (z.B. Alter, Geschlecht, zugeschriebene Eigenschaften wie „er sieht ehrlich/intelligent/verschlagen aus")

Semantische Codes, die visuell abgeleitet sind, haben einen Vorteil gegenüber **biografischen Codes**, da die Verbindung zu den strukturellen (körperlichen) Codes bedeutungsvoll und somit stark ist, wohingegen die Verbindung zwischen den Strukturcodes und den biografischen Details absolut willkürlich ist. Wenn man sagt, jemand sieht aus wie ein Fuchs, steht dies mit den Gesichtsmerkmalen dieser Person in Verbindung. Sagt man jedoch jemand ist Anwalt, so hat dies keinen besonderen Bezug zum Gesicht der entsprechenden Person (es sei denn, Sie sagen, jemand sähe aus wie ein Anwalt, das wäre dann natürlich wiederum eine bedeutungsvolle Verbindung).

Visuell abgeleitete semantische Codes sind hilfreich, um sich an neue Gesichter zu erinnern, da die Verbindung zu den körperlichen Merkmalen des Gesichts sehr stark und bedeutungsvoll ist.

Sie können einen Menschen jedoch nicht *identifizieren,* ohne Bezug auf die biografischen Codes zu nehmen.

Das Erstaunliche an diesen unterschiedlichen Codes ist, dass Sie nur auf diese zugreifen können, wenn Sie eine bestimmte Reihenfolge, wie im folgenden Diagramm beschrieben, beachten.

Wenn Ihnen ein Gesicht vertraut vorkommt, Sie sich jedoch an keine Einzelheit zu der betreffenden Person erinnern können, ist es dem Strukturcode nicht gelungen den biografischen Code auszulösen. Wenn Sie jemanden identifizieren, indem Ihnen Einzelheiten zu diesem Menschen einfallen, Sie sich aber um alles in der Welt nicht an seinen Namen erinnern können, dann hat es der biografische Code nicht geschafft den Namenscode auszulösen.

Aus unserer Liste der 13 Gedächtnisaufgaben, die zu den häufigsten Problemfällen zählen, fallen vier dem Identitätsgedächtnis zu:

➡ einen Namen mit einem Gesicht verbinden
➡ ein Gesicht mit einem Namen verbinden
➡ sich daran erinnern, wer jemand ist (z. B. der Bibliothekar aus der Stadtbücherei)
➡ sich an Einzelheiten von jemandem erinnern, den man getroffen hat (z. B. die Namen der Kinder und des Partners, Probleme, von denen diese Person Ihnen beim letzten Mal erzählt hat etc.)

Wir können nun diese Schwierigkeiten deuten als:

1. einen Namen mit einem Gesicht verbinden	Zugang zum Namenscode vom Strukturcode aus
2. ein Gesicht mit einem Namen verbinden	Zugang zum Strukturcode vom Namenscode aus
3. es sich daran erinnern, wer jemand ist	Zugang zu biografischen Codes vom Strukturcode aus
4. sich an persönliche Einzelheiten erinnern	Zugang zur Ereignisinformation vom Sturkturcode aus

Hieraus wird offensichtlich, warum das dritte dieser Probleme das einfachste ist. Einen Zugang zu einem Namenscode über den Strukturcode zu bekommen erfordert, dass Sie zuerst Zugang zum biografischen Code haben. Ob dann im jeweiligen Fall auch der richtige Name ausgelöst wird, hängt von der Stärke der Verbindung ab.

Sie werden bemerkt haben, dass in der letzten Problemstellung die Ereignisinformation erforderlich war und nicht der biografische Code. Einzelheiten, wie z.B. Gesprächsinhalte ihrer letzten Begegnung, werden nämlich im Ereignis-Bereich kodiert. Einige Details können ebenfalls im Wissensgedächtnis kodiert werden (z.B. Filme, in denen ein bestimmter, berühmter Schauspieler mitgewirkt hat). Wenn Ihnen zu einer Person gewisse Einzelheiten einfallen, Sie sich an andere jedoch nicht erinnern können, ist es sehr wahrscheinlich, dass eben diese anderen Details in einem getrennten Bereich kodiert wurden und somit nicht automatisch durch den biografischen Code aktiviert werden.

Die Hauptursache für Erinnerungslücken bei diesen häufigen Identifizierungsaufgaben liegen folglich an den schwachen Verbindungsstellen zwischen den unterschiedlichen Codes. Um also Ihr

Gedächtnis in puncto Identitätsinformationen zu verbessern, sollten Sie sich auf Strategien konzentrieren, die die Verbindungen stärken zwischen a) den Strukturcodes und den biografischen Codes und b) den biografischen Codes und den Namenscodes.

Es gibt jedoch noch einen anderen Schwachpunkt, und zwar die Strukturcodes selbst. Wie ich schon erwähnte, sind die Unterschiede zwischen den Gesichtern subtiler Natur. Um einen zugänglichen Strukturcode zu konstruieren, müssen Sie Merkmale für die Kodierung auswählen, die es Ihnen ermöglichen, dieses eine Gesicht spontan von anderen zu unterscheiden. Zugegeben, manche Gesichter machen einem dies recht schwer. Im allgemeinen tendieren Mitteleuropäer dazu, der oberen Gesichtshälfte mehr Aufmerksamkeit zu schenken – also den Haaren und Augen. Dies trifft nicht auf Völker zu, deren Haare und Augen sich sehr stark ähneln. Dem Mund wird ebenfalls starke Beachtung geschenkt, dies rührt jedoch in erster Linie daher, dass Mund und Augen sehr viel über die Gefühle eines Menschen ausdrücken. Obwohl wir diese Merkmale während eines persönlichen Gesprächs stark beachten, bleibt uns diese Information über das Gespräch hinaus nicht zwangsläufig in Erinnerung. Interessanterweise scheinen wir dem Kinn, danach den Wangen und dann den Gesichtslinien mehr Aufmerksamkeit zu schenken als der Nase, obwohl gerade die Nase häufig als ein herausstechendes Unterscheidungsmerkmal angeführt wird.

Trotz dieser Verallgemeinerungen gilt natürlich, dass unterschiedliche Menschen sich auf unterschiedliche Gesichtsmerkmale konzentrieren. Als ich ein Kind war, teilte ich Menschen nach ihrer Gesichtsform in Gruppen ein. Es gibt jedoch keine Regel, dass ein bestimmtes Merkmal unterscheidungskräftiger ist als ein anderes. Wichtig ist, dass es bei Ihnen funktioniert.

Von Bedeutung ist außerdem, dass vertraute Gesichter auf andere Art und Weise kodiert werden als neue Gesichter und dieser Unterschied zeigt uns, wie wir ein fremdes Gesicht schneller zu einem bekannten machen können. Strukturcodes für vertraute Gesichter legen mehr Gewicht auf die aussagekräftigen und wenig veränderbaren Merkmale. Z.B.: Obwohl wir anfangs vielleicht den Haaren die meiste Aufmerksamkeit schenken, sind diese wahrscheinlich das am schnellsten und leichtesten verändbare Merkmal, das wir besitzen. Je vertrauter uns jemand ist, um so weniger irritieren uns Veränderungen der Frisur oder der Haarfarbe. Es kann jedoch passieren, dass wir eine nur flüchtig bekannte Person nicht mehr wiedererkennen, wenn sich ihre Frisur verändert hat.

> **Um ein Gesicht wirkungsvoll zu kodieren, konzentrieren Sie sich auf unveränderbare Merkmale.**

Um Ihr Gedächtnis für andere Menschen zu verbessern, sollten Sie:

- die Verbindung zwischen Namenscode und biografischem Code stärken
- die Verbindung zwischen dem biografischem Code und verwandten Codes in anderen Bereichen stärken
- sich auf kaum veränderbare Gesichtsmerkmale konzentrieren

Sich daran erinnern, wie man etwas macht

Das **Fertigkeitengedächtnis** (prozedurales Gedächtnis) unterscheidet sich in erheblichem Maße von allen anderen Bereichen, die bisher in diesem Buch behandelt wurden. Dieser Unterschied wird oft als Unterscheidung zwischen dem Wissen *wie* und Wissen *dass* beschrieben.

Es herrscht allgemeine Übereinstimmung darüber, dass praktisches Wissen auf eine andere Art und Weise organisiert sein muss als faktisches Wissen.

Anfangs wird eine Fertigkeit durch mündliche Anweisungen erlernt. Auf diesen notwendigen ersten Schritt folgt jedoch ein **assoziatives Stadium**, in dem Sie Ihre körperlichen Handlungen koordinieren und die Verbindungen zwischen den Folgeaktionen stärken. In diesem Stadium benötigen Sie immer noch die verbalen Erinnerungsstützen, die Ihnen sagen, was zu tun ist. In der dritten und letzten Phase jedoch verlieren Sie die Verbalisierung vollkommen. In diesem Stadium haben Sie durch die Einübung der Handlungsabläufe Autonomie erreicht – die Fertigkeit wird automatisch ausgeführt, kein Gedanke wird mehr dafür verschwendet, es ist sogar so, dass das Denken (die Verbalisierung) Sie bei der Ausübung der Handlung behindert. Eine Fertigkeit wird nicht wirklich beherrscht, bis sie automatisch ausgeführt werden kann.

Ein Beispiel: Bestimmt hat schon so mancher Leser versucht, einer anderen Person das Auto fahren beizubringen. Wie oft mussten Sie dabei die Augen schließen, um sich die einzelnen Handlungsschritte ins Gedächtnis zu rufen, bevor Sie schließlich die erforderlichen Bewegungsfolgen erklären konnten? Eine Fertigkeit wird nicht wirklich beherrscht, wenn man sie nicht „ohne zu denken" ausführen kann. Wenn man darüber nachdenken muss, was als nächstes kommt, behindert dies den Handlungsfluss.

Interessanterweise (und wahrscheinlich entgegen dem gesunden Menschenverstand) scheint es keine mentale Grenze für das **Autonomiestadium** zu geben.

Natürlich setzt Ihnen Ihre körperliche Verfassung Grenzen bei der Verbesserung einer praktischen Fertigkeit. Eine kognitive Fertigkeit wird sich jedoch so lange steigern lassen, wie Sie diese trainieren. Vor längerer Zeit ließ ein Forscher zwei Versuchspersonen 10.000 Additionsaufgaben im Kopf lösen. Sie steigerten ihre Rechengeschwindigkeit immer weiter, bis zum Ende des Versuchs.

Instruktionsstadium (verbal)

↓

Assoziationsstadium (körperlich mit verbaler Führung)

↓

Autonomiestadium (non-verbal)

Übung ist der Schlüssel zur Beherrschung einer Fertigkeit. Einer der kritischen Punkte ist mit Sicherheit die Tatsache, dass durch Übung Ihre Aufmerksamkeit immer weniger in Anspruch genommen wird.

Während Übung der Schlüssel ist, gibt es einiges zu beachten, was wir tun können, um den maximalen Nutzen aus unseren Übungen zu ziehen:

➦ Konkrete Beispiele scheinen wichtiger zu sein als abstrakte Regeln. Regeln werden letztlich von den Beispielen abgeleitet, aber Beispiele bleiben wichtig, da sie leichter zugänglich sind.

➦ Feedback ist sehr wichtig. Von Nutzen ist es jedoch nur, so lange die entsprechende Handlung noch im Gedächtnis aktiv ist. Außerdem muss der nächste Übungsversuch gestartet werden, so lange das Feedback noch aktiv im Gedächtnis ist.

➦ Fertigkeiten, die man unter veränderbaren Umständen gelernt hat, lassen sich besser in neuen Situationen anwenden als Fertigkeiten, die unter sehr starren und eingeschränkten Umständen erworben wurden. Es ist besser, eine Fertigkeit mit kleinen Variationen (z.B. bei der Aufschlagsstärke oder Wurfentfernung) einzuüben, als zu versuchen, eine Handlung ganz genau zu wiederholen.

➦ Abstand zwischen Ihren Übungen einzulegen, ist beim Eintrainieren einer Fertigkeit sogar noch wichtiger als beim Erwerb von Fachinformationen (in Mathematikbüchern werden z.B. ähnliche Übungen zusammengefasst, obwohl es weit sinnvoller wäre, diese in entsprechenden Abständen zu wiederholen).

➦ Wenn neu zu lernende Fertigkeiten gemeinsame Komponenten mit bereits beherrschten Fertigkeiten haben, erleichtert dies das Lernen (z.B. einen Tennisvolley zu lernen ist einfacher, wenn Sie bereits einen Badmintonvolley können).

➦ Wenn neue Fertigkeiten Schritte beinhalten, die gegensätzlich sind zu Schritten, die in bereits beherrschten Fertigkeiten enthalten sind, wird dadurch das Erlernen der neuen Fertigkeit erheblich erschwert. (Z.B.: Als ich mir eine neue Computer-Tastatur gekauft habe, waren auf dieser die Tasten für „Bild hoch", „Bild runter", „Einfügen" etc. an einer anderen Stelle angeordnet – der Konflikt zwischen der alten Gewohnheit und dem neuen Muster erschwerte es erheblich, mir das neue Muster einzuprägen. Das Erlernen des neuen Musters wäre wesentlich einfacher gewesen, wenn ich zuvor gar keine Tastatur gehabt hätte.) Die bereits vorhandene Fertigkeit kann dadurch ebenfalls negativ beeinflusst werden.

➡ Ob es nun besser ist, eine Fertigkeit als Ganzes zu erlernen oder diese in einzelne Schritte zu zerlegen und separat zu üben hängt davon ab, wie die einzelnen Teile miteinander verbunden sind (z.B. das Programmieren eines Computers kann in unabhängige „Unter-Fertigkeiten" aufgeteilt werden, Klavierspielen hingegen lernt man am besten als Ganzes).

Um eine Fertigkeit zu beherrschen, müssen Sie:

● üben, bis Sie ein Stadium erreichen, in dem die Handlungen automatisch erfolgen
● effizienter üben, indem Sie:
  – Ihre Handlungen variieren
  – für unmittelbares Feedback sorgen
  – Abstand zwischen den Übungen einlegen

Sich daran erinnern, etwas zu erledigen

Das **Planungsgedächtnis** wird manchmal auch als Zukunftsgedächtnis bezeichnet – ein herrlich paradoxer Name. Es beinhaltet Ihre Pläne und Ziele (wie z.B. „Ich muss heute meine Kleider aus der Reinigung holen"; „Ich möchte dieses Projekt in drei Monaten abgeschlossen haben"). Ebenso wie das Vergessen von Namen rangiert das Vergessen von Erledigungen ganz oben auf der Liste der Gedächtnisleistungen, die die meisten gerne verbessern würden. Der Grund ist auch hier: Wenn Sie vergessen, etwas zu tun, kann dies zu erheblichen Peinlichkeiten führen.

Unsere Absichten – die Information im Planungsbereich – scheinen um Ziele herum organisiert zu sein. Wir erinnern uns an zielgerichtete Aktivitäten wesentlich leichter als an andere Handlungen, und am besten erinnern wir uns an das tatsächliche Erreichen dieser Ziele.

Es ist jedoch wesentlich schwerer, sich an Intentionen zu erinnern als an Ereignisse, die wir erlebt haben. Die Hauptursache hierfür ist das Fehlen von Abrufhilfen. Aus diesem Grund verlangt das Nicht-Vergessen von Erledigungen am stärksten nach Erinnerungshilfen außerhalb unseres Gedächtnisses: Notizzettel, Kalender, Terminplaner, Piepser, Ofenuhren, das Platzieren von Gegenständen an besonders auffälligen Orten – all diese externen Hilfen dienen als Abrufhilfen.

Wenn wir uns etwas vornehmen, verbinden wir diese Intention in der Regel mit einem Ereignis („nach dem Schwimmbad müssen wir noch einkaufen gehen") oder mit einer Zeitangabe („um zwei Uhr muss ich Frank anrufen). Wenn, wie so oft geschieht, diese **Auslöser-Ereignisse** oder Zeiten es nicht schaffen uns an unsere Absichten zu erinnern, dann liegt es daran, dass die Verbindung zwischen dem Auslöser und der Absicht nicht stark genug war.

Zum Teil kann dies daher rühren, dass der Auslöser an sich schon nichts Besonderes ist. Dass Sie Frank um zwei Uhr nicht angerufen haben kann z.B. daran liegen, dass Sie der Uhr wenig Aufmerksamkeit geschenkt haben oder dass es noch andere Handlungen gab, die vom selben Zeitsignal ausgelöst wurden.

Das Planungsgedächtnis hat zwar den Nachteil, dass es meist über schlechte oder wenige Abrufhilfen verfügt, dieser wird jedoch etwas kompensiert, da es durch äußerst nebensächliche Abrufhilfen ausgelöst werden kann. So wurde z.B. eine Bekannte von mir daran erinnert, dass der Freund ihres Sohnes Samstagnacht bei ihnen schlafen würde, als sie eine Werbung für einen Film über John F. Kennedy sah (der Vater des Kindes hatte dieselben Initialen: JFK).

Nicht jede Planung ist jedoch mit einem Zeit- oder Ereignisauslöser verknüpft. Viele Absichten warten einfach auf eine günstige Gelegenheit („muss irgendwann Briefmarken kaufen"). Solche Intentionen benötigen in der Regel recht eindeutige Abrufhilfen. Wenn ich irgendwo Briefmarken zum Verkauf sehen würde, könnte ich mich wahrscheinlich wieder an meine Absicht erinnern. Wenn ich aber zufällig an einem Laden vorbeikäme oder in einen hinein ginge, der Briefmarken verkauft, wäre dies wahrscheinlich nicht genug, um mein Gedächtnis auszulösen.

Auf der anderen Seite werde ich vielleicht ständig an meine Absicht erinnert, wenn ich mich in demselben Kontext befinde, indem ich ursprünglich die Intention kodierte (wenn ich nicht in der Lage bin, diese auszuführen!). Folglich werde ich zunehmend wütender, dass ich mich nie an eine bestimmte Absicht erinnern kann, wenn ich in der Lage wäre, diese auszuführen.

Um die Gelegenheitsplanung handhaben zu können, sollten Sie versuchen, die Merkmale einer passenden Gelegenheit zu bestimmen, während Sie Ihre Absicht kodieren. Angenommen, Sie wollten sich daran erinnern auf dem Nachhauseweg Brot zu kaufen. Dann sollten Sie überlegen, welche Handlungen notwendig sind um das Brot zu kaufen (z.B. einen anderen Weg einschlagen) und versuchen eine starke Verbindung zwischen dem Auslöser-Ereignis und Ihrer Handlung zu bilden („wenn ich an die Ampel komme, werde ich heute *links* abbiegen").

Die Erinnerung an Ihre Absicht allein ist weit weniger wirkungsvoll, als wenn Sie sich an beides, das auslösende Ereignis und die geplante Handlung, erinnern. Selbst wenn Sie sich später nur an das Auslöser-Ereignis erinnern, ist dies sogar besser, als zu versuchen nur an die eigentliche Absicht erinnert zu werden.

Wenn Sie sich erinnern möchten etwas zu tun, müssen Sie sich auf den Auslöser und nicht auf die Absicht selbst konzentrieren.

Ziehen Sie nicht den falschen Schluss, dass Sie sich an etwas Wichtiges automatisch erinnern. Zu ihrem eigenen Erstaunen haben Wissenschaftler keinen Beweis dafür gefunden, dass die Wichtigkeit, die eine Erledigung für mich hat, eine Auswirkung auf die Wahrscheinlichkeit haben könnte, dass ich mich daran erinnere.

Häufige Gedächtnisprobleme nach Bereichen gruppiert:

Wissensgedächtnis:
➡ sich an Informationen erinnern, die man gelernt hat
➡ sich an Worte erinnern

Identitätsgedächtnis:
➡ einen Namen mit einem Gesicht verbinden
➡ ein Gesicht mit einem Namen verbinden
➡ sich daran erinnern, wer jemand ist
➡ sich an Einzelheiten zu einer Person erinnern

Ereignisgedächtnis:
➡ sich erinnern, ob man etwas getan hat
➡ sich erinnern, wo man etwas hingelegt hat
➡ sich erinnern, wann/wo etwas geschehen ist
➡ sich an wichtige Daten erinnern

Planungsgedächtnis:
➡ sich erinnern, etwas zu einer bestimmten Zeit zu erledigen
➡ wissen, dass da etwas ist, an das Sie sich unbedingt erinnern wollten, Ihnen fällt jedoch nicht ein, was es war

Fertigkeitengedächtnis:
➠ sich erinnern, wie etwas gemacht wird

Obwohl es sehr viele unterschiedliche Informationstypen gibt, kreisen unsere Gedächtnisprobleme in der Regel nur um die folgenden fünf:

sich an „Fakten" erinnern	Wissensgedächtnis
sich an Menschen erinnern	Identitätsgedächtnis
sich an besondere Ereignisse erinnern	Ereignisgedächtnis
sich daran erinnern, etwas zu tun	Planungsgedächtnis
sich an Handlungabläufe erinnern	Fertigkeitengedächtnis

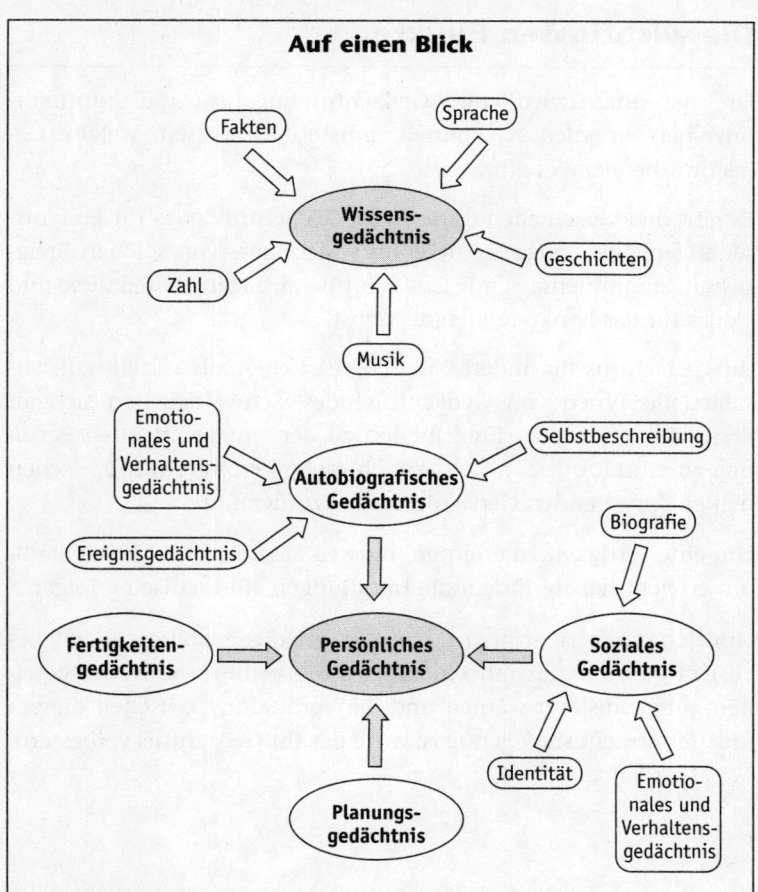

Auf einen Blick

Die wichtigsten Punkte

Um die unterschiedlichen Gedächtnisaufgaben und Informationstypen einteilen zu können, müssen Sie wissen, welche Gedächtnisbereiche es gibt.

Es gibt drei verschiedene Arten von Gedächtniscodes für Ereignisse: allgemeine Codes für stereotype Merkmale von solchen Ereignissen, zusammenfassende Codes für herausragende Ereignisse und Codes für das konkrete Ereignis selbst.

Ihr Gedächtnis für andere Menschen ist ebenfalls verteilt auf verschiedene Typen von Gedächtniscodes. Schwierigkeiten sich an Personennamen oder Einzelheiten zu den entsprechenden Personen zu erinnern lassen sich auf schwache Verbindungen zwischen den entsprechenden Gedächtniscodes zurückführen.

Um eine Fertigkeit zu erlernen, müssen Sie üben, bis Sie das Stadium erreicht haben, indem die Handlungen automatisch erfolgen.

Um sich daran zu erinnern, etwas zu erledigen, sollten Sie die beabsichtigte Aktivität mit einem Auslöser verbinden. Wenn Sie einen guten Auslöser wählen und die Verbindung zwischen diesem und der Absicht stark genug ist, wird das Ihr Gedächtnis verbessern.

9 Lernstrategien

Elaborationen oder Ausführungen, also tiefe und reichhaltige Kodierungen, sind in dem Maße effektiv, in dem sie die Willkürlichkeit von zu lernenden Informationen verringern. Erfolgreich Lernende erstellen Elaborationen, die die Bedeutung der Information verstärken. Ein Großteil dieser Elaboration wird durch das Stellen relevanter Fragen erreicht. Fragen zu stellen und ihre Relevanz zu beurteilen, sind ein zentrales Element vieler konventioneller Lerntechniken.

Eine Klassifizierung von Gedächtnisstrategien

Unser Ziel ist es, die geeigneten Gedächtnisstrategien für jede entsprechende Gedächtnisaufgabe zu finden. Da es eine Vielzahl von Gedächtnisstrategien gibt, benötigen wir ein Verfahren, das die Anzahl der Techniken, die für eine bestimmte Aufgabe in Frage kommen, reduziert. Wir benötigen ein Klassifizierungssystem.

Gedächtnisstrategien variieren vom sehr Konkreten, wie speziellen Eselsbrücken, bis zum sehr Allgemeinen, wie der Taktik, das eigene Lernen regelmäßig zu überprüfen. Im Großen und Ganzen kann man sagen, dass die konkreteren Strategien die Information, an die Sie sich erinnern möchten, manipulieren, wohingegen die allgemeineren Strategien Ihnen dabei helfen effektiver zu lernen (**Unterstützungsstrategien**).

Ich möchte nochmals den Unterschied zwischen Information, die wortwörtlich auswendig gelernt werden muss, und solcher, bei der der Sinn verstanden und erinnert werden muss, hervorheben. Diese unterschiedlichen Ziele erfordern verschiedene Strategien. In diesem Kapitel gehen wir auf Lernstrategien für solche Stoffe ein, die verstanden und gelernt werden sollen, also bedeutungsvoll

sind. Dabei handelt es sich zunächst um Informations-Manipulie-
rungs-Strategien.

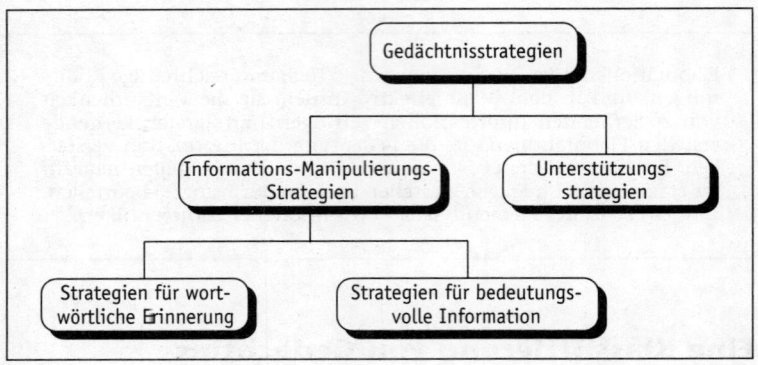

Informationen manipulieren für Verständnis und Abruf

Ich werde den Ausdruck **Lernstrategien** als passende Abkürzung für
Kodierungs-Strategien verwenden, die dazu dienen, bedeutungsvolle
Informationen besser zu verstehen und aus dem Gedächtnis abrufen
zu können. Zur Kodierung wichtiger Informationen für einen leich-
teren Abruf müssen wir diese verstehen, und zwar so gut verstehen,
dass wir die Information auswählen können, die besondere Aufmerksamkeit benötigt. VAA – Verständnis, Auswahl, Aufmerksamkeit –
dies sind die Prozesse, die unseren Lernstrategien zu Grunde liegen.

Die erfolgreiche Anwendung einer Lernstrategie hängt von Ihrer
Fähigkeit ab, die wichtige Information auszuwählen und dieser
Aufmerksamkeit zu schenken. Ihre Beurteilung von jeder konkre-
ten Strategie muss auf diesem Grundprinzip basieren.

Lernstrategien sind immer in dem Maße wertvoll, in dem sie Ihnen helfen, Informationen zu verstehen und die wichtigen Bestandteile der Information von den weniger wichtigen zu unter-

scheiden. Die zwei wichtigsten Lernstrategien sind hier **aktives Lesen** und **Notizen machen**. Beides sind allgemeine Strategien, die wiederum einige konkretere Techniken beinhalten.

Notizen machen

Die Informationen, die für die Notizen-Strategie in Frage kommen (Informationen aus Büchern, Vorträgen) erhalten wir bereits „fertig abgepackt". Jemand hat das Material schon erstellt und wahrscheinlich waren es sogar dieselben Notizen-Strategien, die sich der Verfasser oder Redner in mehr oder minderem Maße zu Nutze gemacht hat, damit Sie die Information verstehen und sich an diese erinnern. Notizen machen hat deshalb zwei Aspekte:

➡ es ist eine *Strategie*, die Sie einsetzen können, um eine Information verständlicher und leichter erinnerbar zu machen sowie

➡ ein *Hinweis* auf den Schwierigkeitsgrad des Materials und dessen Gliederung.

Die meisten Leute nehmen wahrscheinlich an, dass sie sich Notizen machen, um eine schriftliche Unterlage der Informationen zu haben, an die sie sich erinnern müssen. Untersuchungen haben jedoch gezeigt, dass der Hauptnutzen des Notizen machens dadurch entsteht, dass die Information bewusster enkodiert wird.

Aus diesem Grund ist das Notizen machen in dem Maße effektiv, in dem Sie beim Aufschreiben die Information in eigenen Worten wiedergeben, diese gliedern und verstehen. Notizen, die Wort für Wort mitgeschrieben wurden, bei denen Sie sich also keine Gedanken über den Inhalt gemacht haben, sind bei weitem nicht so wirkungsvoll (außer Sie schreiben diese später nochmal um und gliedern sie neu).

Voraussetzungen für effektives Notizen machen:

● langsames oder selbst bestimmtes Vortragstempo
● gut gegliedertes Material
● Material, das nicht zu schwierig oder kompliziert ist
● Ihre Geschicklichkeit im Notizen machen

> **Notizen machen ist eine Strategie,**
> **um Information Bedeutung zu geben.**

Mit diesem Merksatz im Gedächtnis lassen Sie uns nun die Bestandteile dieser Strategie näher betrachten.

Hervorheben

Hervorheben beinhaltet alle Mittel, die uns zur Verfügung stehen, um Schlüsselwörter oder -aussagen herauszustellen, wie z.B. Unterstreichung, Rahmen, Fettdruck, Buntstift etc.

Hervorheben als Hinweis:

● führt Sie zu den Punkten, die vom Verfasser als wichtig erachtet wurden
● ist wirkungsvoll, um sich an die hervorgehobenen Einzelheiten zu erinnern – dies geht jedoch auf Kosten der anderen Details
● ist deshalb nur effektiv, wenn die Ziele des Verfassers mit den Ihrigen übereinstimmen.

Hervorheben als Strategie:

● bündelt Ihre Aufmerksamkeit
● ermuntert Sie mehr Zeit in das Material zu investieren
● dadurch wird sowohl das Erinnern der hervorgehobenen Details als auch des restlichen Textes verbessert

Voraussetzungen für effektives Hervorheben:

- ausreichend Zeit
- keine zu große Materialdichte (zu viele wichtige Ideen)
- kein zu schwieriges Material (Ideen sind zu komplex, um diese über Schlüsselwörter oder -sätze vermitteln zu können)
- nur ein oder zwei verschiedene Hinweisarten
- nur ein hervorgehobener Satz pro Absatz
- Geschick bei der Auswahl von Schlüsselwörtern.

Überschriften

Eine gute Geschichte hat immer eine sehr klare und starke Form, etwas, das wir alle seit Kindheitstagen verstehen und anwenden. In Geschichten wird die Handlung durch eine **Ursachenkette** zusammengehalten – einem roten Faden aus kausalen Verbindungen, beim Ziel des Protagonisten angefangen bis zum Ausgang der Geschichte. Wenn diese Kette klar und verständlich ist, wird man sich leicht an die Geschichte erinnern können.

Erklärender Text tendiert jedoch dazu, weniger zusammenhängend zu sein als eine Durchschnittsgeschichte (und somit schwieriger zu behalten, da die Erinnerung im Wesentlichen davon abhängt, wie gut verknüpft die Information ist). Deshalb wurden verschiedene Strategien entwickelt, um den Themenwechsel und den Aufbau eines Textes hervorzuheben. Eine dieser Strategien ist die Verwendung von **Überschriften**.

Überschriften als Hinweis:

- sind nützlich, wenn sie Themenwechsel verbinden
- können als Etikett für Gruppierungen verwendet werden
- müssen als Abrufhilfen verwendet werden können, um nützlich zu sein
- können helfen, bessere Zusammenfassungen zu erstellen

● werden wenig gebraucht, wenn im Text kaum Themenwechsel vorkommen

Um bewerten zu können, ob die in einem Text verwendeten Überschriften für Sie brauchbar sind, fragen Sie sich bitte Folgendes:

➡ Stellen sie die Hauptpunkte und Hauptthemen heraus?
➡ Stellen sie bedeutungsvolle Verbindungen zwischen den Themen dar?
➡ Stellen sie gute Abrufhilfen dar?

Überschriften als Strategie:

Sie können einen Text neu gliedern, indem Sie Ihre eigenen Überschriften verwenden:
● wo Text nicht entsprechend gegliedert ist
● wo dies schlecht gemacht ist
● wo die Ziele und Interessen des Verfassers nicht mit den Ihrigen übereinstimmen
● als eine Strategie um Abschnittsthemen zu abstrahieren.

Übung 9.1

Gehen Sie zurück zu Kapitel 6 und notieren Sie die Haupt- und Zwischenüberschriften. Nun betrachten Sie jeden Abschnitt und schreiben auf, was Ihrer Meinung nach der Hauptpunkt unter jeder Abschnittsüberschrift ist. Beinhalten die Überschriften die Hauptpunkte? Sind die Überschriften kurz genug oder enthalten sie ein Schlüsselwort oder einen Schlüsselsatz, der eine nützliche Abrufhilfe darstellt? Fallen Ihnen bessere ein?

Zusammenfassungen

Zusammenfassungen fassen die Hauptpunkte eines Textes zusammen, ohne dass neue Informationen hinzugefügt oder neue Gesichtspunkte eröffnet werden. Sie können ein geradliniger Faden von Sachaussagen sein (**thematische Zusammenfassung**) sein oder den Text in einer anderen, neuen Form darstellen (**grafische Zusammenfassung**) – z.B. in Form einer **Übersicht**, **eines grafischen Schemas**, einer **Multimedia-Zusammenfassung** oder von **Karten**.

Die Auflistung der „Wichtigsten Punkte", die in diesem Buch jedes Kapitel abschließt, ist ein Beispiel für eine thematische Zusammenfassung.

Für eine effektive Zusammenfassung ist es entscheidend, dass Sie die Hauptgedanken und Themen nochmals in eigenen Worten formulieren. Eine sehr schlechte Strategie ist es Sätze abzuschreiben, die wichtig erscheinen und den Rest zu ignorieren. Wenn in den dazwischen liegenden Sätzen keine Bedeutung enthalten wäre, hätte sich der Autor auch nicht die Mühe gemacht, diese niederzuschreiben! Eine gute Zusammenfassung in einem Satz verdichtet die wichtige Information eines Absatzes in einer neuen Aussage. Aus diesem Grund ist es sinnvoll, Zusammenfassungen zu erstellen, ohne sich dabei den Text nochmals anzusehen.

Das Zusammenfassen wird zu einer erfolgreichen Strategie, wenn es Ihnen gelingt, wichtige Informationen von unwichtigen zu unterscheiden.

Übersichten und grafische Schemata sind nützliche Strategien für hierarchische Informationen. Vergleichen Sie hierzu die beiden folgenden Beispiele (aus *Robinson & Kiewra*, 1995). Das erste ist ein grafisches Schema, das zweite eine Übersicht.

	Schizophrenie			
	Einfach	**Paranoid**	**Katatonisch**	**Hebephrenisch**
% der Amerikaner	1/10	1	1/10	3/4
Symptome:	allmählicher Rückzug und Desinteresse an der Welt	Gefühl, verfolgt zu werden	Eigenartiges motorisches Verhalten, zwischen Stumpfsinn und Raserei	Regressives Verhalten und totale Vernachlässigung der persönlichen Hygiene
Ernsthaftigkeit	Können sehr wahrscheinlich für sich selbst sorgen	Können am Rande der Gesellschaft leben	Serie von kurzen Anfällen über viele Jahre	am schwerwiegendsten

Schizophrenie

I. Einfach
    A.   % der Amerikaner   1/10
    B.   Symptome: Allmählicher Rückzug und Desinteresse an der Welt
    C.   Ernsthaftigkeit: Können sehr wahrscheinlich für sich selbst sorgen

II. Paranoid
    A.   % der Amerikaner   1
    B.   Symptome: Gefühl, verfolgt zu werden
    C.   Ernsthaftigkeit: Können am Rande der Gesellschaft leben

III. Katatonisch
    A.   % der Amerikaner   1/10
    B.   Symptome: Eigenartiges motorisches Verhalten zwischen Stumpfsinn und Raserei
    C.   Ernsthaftigkeit: Serie von kurzen Anfälle über viele Jahre

IV. Hebephrenisch
    A.   % der Amerikanier   3/4
    B.   Symptome: Regressives Verhalten und totale Vernachlässigung der persönlichen Hygiene
    C.   Ernsthaftigkeit: Am schwerwiegendsten

Übersichten sind einfacher zu erstellen als grafische Schemata (deshalb sind sie so beliebt), in der Regel sind sie jedoch weniger effektiv. Bei der Übersicht sind die Gruppierungen innerhalb eines Begriffes klar, aber die Beziehungen zwischen den Begriffen – zwischen den Gruppierungen – sind es nicht. Bei einem grafischen

Schema dagegen sind auch die Verbindungen zwischen den Gruppierungen ersichtlich.

Grafische Schemata:

- benötigen bei der Erstellung mehr Zeit als Übersichten
- sind nicht besonders ergiebig, wenn schon der Text kurz und einfach ist
- sind hilfreich für die Bildung von Übergruppierungen

Übersichten:

- sind leichter und schneller zu erstellen als ein grafisches Schema
- sind effektiv beim Auswendig Lernen von Fakten

Multimedia-Zusammenfassungen sind vor allem für wissenschaftliche Erklärungen geeignet (und wertvoll). In Multimedia-Zusammenfassungen werden Bilder und Worte kombiniert, wie in der Grafik auf der nächsten Seite zu sehen ist. Dies ist das erste Bild einer Beschreibung, die sich mit der Entstehung von Gewittern beschäftigt (aus *Mayer* et al.).

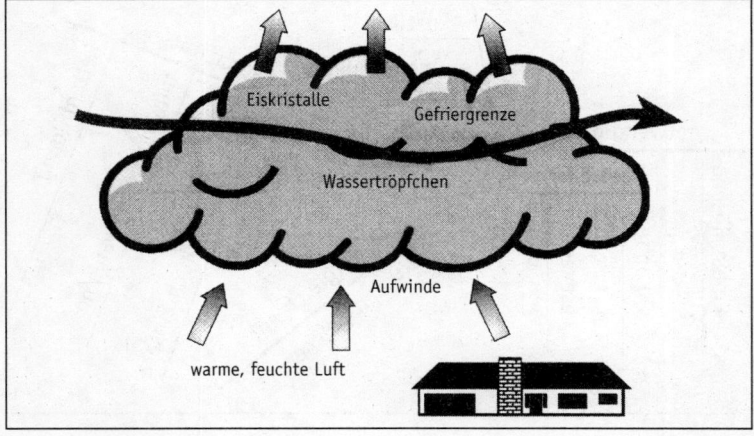

Regeln für effektive Multimedia-Zusammenfassungen:

- Seien Sie sehr prägnant
- Verwenden Sie ein Minimum an Text
- Stimmen Sie Worte und Bilder aufeinander ab.

Die am weitläufigsten einsetzbare Art einer Zusammenfassung ist die **Karte**, wie im Englischen oft **Map** genannt. Obwohl schon mehrere verschiedene Kartierungsstrategien entwickelt wurden (**Mind-Mapping** ist darunter natürlich die bekannteste), liegt allen dieselbe Ausgangsidee zu Grunde: Eine Information wird als Karte aufgebaut, die grafisch die Hauptpunkte darstellt und diese in sinnvollen Gruppierungen zusammenfasst. Das wesentliche Merkmal dieser Technik ist, dass die Information *weder* in linearer *noch* in hierarchischer Form dargestellt wird. Eine Karte beginnt in der Mitte einer Seite und breitet sich von dort in alle Richtungen aus. Im Folgenden sehen Sie eine zum Teil ausgefüllte Karte von Kapitel 6:

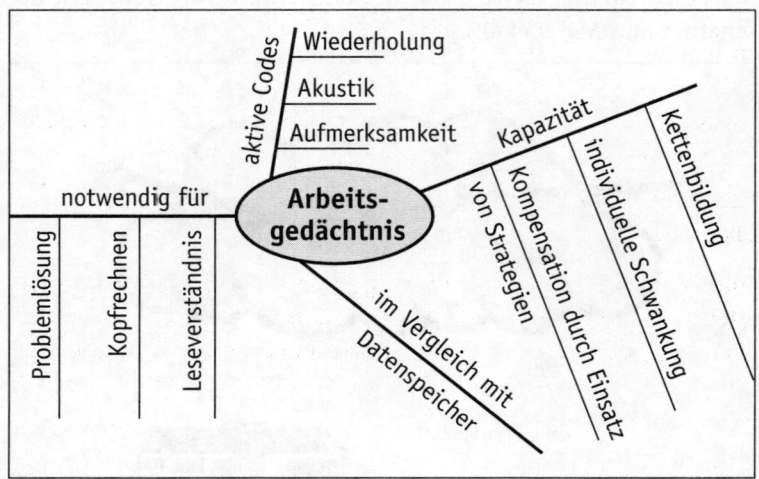

Basistechnik für das Mapping:

● Wählen Sie ein Schlüsselwort, von dem mehrere Linien weg führen.

● Überfliegen Sie den Text, um Zwischenüberschriften auszuwählen.

● Schreiben Sie diese Überschriften auf die Linien, die sich vom Schlüsselwort ausbreiten.

● Rufen Sie sich Einzelheiten in Erinnerung, ohne den Text nachzuschlagen und ergänzen Sie damit die Karte.

● Lesen Sie den Text nochmals und ergänzen Sie weitere Details.

Das Wesentliche an einer Karte ist, dass sie eine Abrufstrategie bietet. Die Karte zu erstellen hilft Ihnen die Information zu gliedern. Wenn Sie sich die Karte einmal erarbeitet haben, liefert diese immer eine Zusammenfassung für spätere Wiederholungen. Durch die Karte wird auch neues Vokabular hervorgehoben – ein Großteil des wissenschaftlichen Lernens betrifft ja das Lernen von Fachausdrücken.

Ein entscheidender Schritt bei dieser Technik ist der Versuch, sich an Einzelheiten zu erinnern, ohne sich noch einmal den Text anzusehen. Indem Sie sich die Information „abringen" werden Sie gezwungen, verwandte Informationen aus Ihrem bereits bestehenden Wissensspeicher mit auszugraben.

Übung 9.2

Finden Sie heraus, wie viele Details Sie noch zu der Karte von Kapitel 6 hinzufügen können, ohne den Text nachzuschlagen. Danach lesen oder überfliegen Sie das Kapitel und ergänzen weitere.

Notizen machen zu einer effektiven Strategie ausbauen

Es gibt mehrere Faktoren, die beeinflussen, ob Notizen machen effektiv ist oder nicht:

➧ wie schnell die Information vorgetragen wird (die Notizen werden eher zu einer Erinnerungshilfe, wenn die Vortragsgeschwindigkeit langsam ist und Sie Ihre Notizen nochmals überprüfen können)

➧ die Dichte/Komplexität der Information

➧ der Vortragsstil (z.B. wird ein sehr förmlicher, „trockener" Text eher wortwörtlich mitgeschrieben, wohingegen ein zwangloser Wortwechsel eher in eigenen Worten wiedergeben wird)

➧ wie gut die Information gegliedert ist

➧ wie erfahren Sie im Notizen machen sind (vor allem Ihre Fertigkeit, die wichtigsten Punkte aufzuschnappen, ist kritisch).

Regeln für effektives Notizen machen

● **Auswählen**: Lassen Sie banale und nebensächliche Einzelheiten beiseite. Lassen Sie alles weg, an das Sie sich so oder so erinnern werden!

● **Verdichten**: Ersetzen Sie Auflistungen durch Gruppenbezeichnungen.

● **Gliedern**: Wählen Sie Überschriften und thematisch bedeutungsvolle Sätze.

● **Umformulieren**: Geben Sie den Inhalt in Ihren eigenen Worten wieder.

Merken Sie sich vor allem die Regel, alles wegzulassen, an das Sie sich so oder so erinnern werden. Dies ist komplizierter als es klingen mag. Wir haben das Gefühl, dass wir unbedingt die wichtigsten Fakten notieren müssen. Häufig sind jedoch diese wichtigen Fakten genau diejenigen, an die wir uns ohnehin erinnern werden. Die Informationen, die wir schriftlich festhalten müssen, sind die auf den „mittleren Rängen" – also Informationen, die nicht unter Wichtigkeitsstufe Eins rangieren, aber dennoch wichtig sind. In der Regel haben wir zum Erstellen von Notizen nicht unbegrenzt Zeit. Und deshalb geht die Zeit, die Sie für das Aufschreiben von Informationen, an die Sie sich auch ohne Notiz erinnern, verwenden, von der Zeit ab, die Sie hätten um die weniger erinnerungswürdigen Informationen zu vermerken.

Ihre Auswahl wichtiger Informationen wird beeinflusst durch:

- die Textstruktur
- die Textdichte
- Hinweise im Text
- Ziele, die am Textanfang genannt werden
- persönliches Interesse und persönliche Relevanz.

Aktives Lesen

Der Schlüssel zum erfolgreichen Notizen machen liegt also in der klugen Auswahl der Information. Erinnern Sie sich an **VAA** (Verständnis, Auswahl, Aufmerksamkeit) – bevor wir auswählen können, müssen wir verstanden haben. Und um zu verstehen, müssen wir effektiv lesen.

Das Lesen an sich ist ein passiver Prozess. Erfolgreiche Studenten und Lernende neigen dazu aktiv zu lesen, das heißt, sie denken über die gelesene Information nach, stellen sich selbst Fragen dazu und versuchen diese mit bereits vorhandenen Informationen zu verknüpfen. Schlechte Studenten hingegen tendieren dazu einfach nur zu lesen und ihre bevorzugte Strategie um Verständnis und Gedächtnis auf die Sprünge zu helfen ist, das Ganze einfach nochmal zu lesen.

Es gibt eine ganze Anzahl von aktiven Lesestrategien. Eine gut bekannte, aber auch häufig verkannte Technik des aktiven Lesens ist das **Überfliegen**. Viele Leute sind der Meinung, dass dies eine recht dürftige Technik sei, was auch kaum verwundert, wenn wir uns vor Augen halten, wie das Überfliegen von Texten verschiedentlich beschrieben wird: als Lesen der ersten und letzten Wörter eines Satzes, als sehr schnelles Lesen oder gar als Überspringen der langen Wörter. Wenn es jedoch gut gemacht wird, ist Überfliegen eine äußerst effektive Strategie, da es sich dabei vor allem um aktives Durchsuchen von Text nach bedeutendem Informationsgehalt handelt.

Lesen ist eine komplexe Fertigkeit, die auf verschiedenen Ebenen vonstatten geht. Zuerst müssen die körperlichen Merkmale der Buchstaben erkannt und gedeutet werden, anschließend die einzelnen Worte, die bedeutungsschweren Wortverbindungen, die Idee, die in einem Satz dargelegt wird. Viele Leser kommen bis zu dieser Stelle, aber nicht weiter. Ein effektiver Leser arbeitet sich bis zur Ebene der Hauptgedanken und -themen vor.

Ein Leser, der sich jedoch nur auf die „höheren" Ebenen konzentriert – auf die Hauptideen und -themen – läuft Gefahr, bedeutungsvolle Details zu übersehen. Jeder Ebene des Dekodierungsprozesses muss Aufmerksamkeit geschenkt werden. Für die meisten von uns sind die ersten Ebenen – das Dekodieren von Buchstaben und Worten – eine

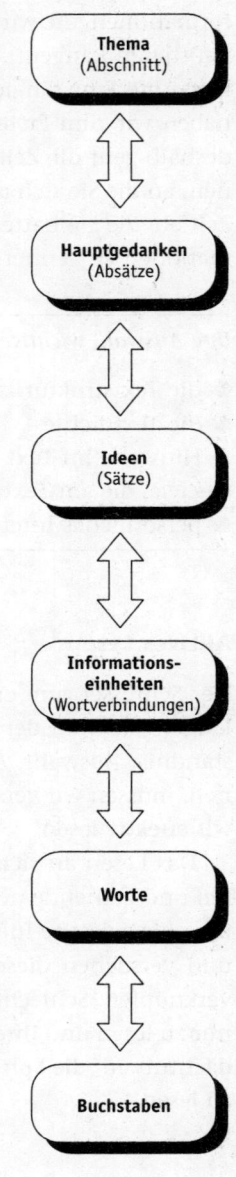

so stark eintrainierte Fertigkeit, dass wir darauf wenig Energie verwenden müssen. Das Dekodieren auf den höheren Ebenen kann jedoch wesentlich mehr Achtsamkeit erfordern. Da unser Arbeitsgedächtnis nur eine begrenzte Kapazität hat, sollten Sie sich folglich jeweils nur auf eine Ebene zu einer Zeit konzentrieren. Wenn also Ihr Material besonders komplex ist, nehmen Sie sich zuerst jede einzelne bedeutungstragende Informationseinheit vor, dann gehen Sie von der Satz-Ebene (Ideen) auf die Absatz-Ebene (Hauptgedanken) weiter, ehe Sie versuchen, das Thema auf der Abschnitts-Ebene zu erfassen.

Aktive Lesestrategien beinhalten Folgendes:

Such-Strategien:

➠ Vor- oder Zurückspringen im Text, um eine Information zu finden
➠ Überfliegen des Textes, um eine Information zu finden
➠ Erwartung einer Information, die im Text verborgen sein könnte, und die Suche nach dieser.

Klärende Strategien:

➠ Zurückverfolgung zur Verdeutlichung
➠ Beachtung von Ziffern und Tabellen
➠ Umformulierung mit eigenen Worten

Elaborierende (ausführende) Strategien:

➠ Hin- und Herspringen zwischen verschiedenen Teilen (vielleicht zwischen einer Tabelle und dem Text) um diese zu einem Ganzen zusammenzufassen
➠ Ausdenken von Analogien oder Beispielen
➠ Ziehen von Schlussfolgerungen

Evaluierende (beurteilende) Strategien:

➠ Beurteilung des Schwierigkeitsgrades eines Textes und bis zu welchem Grad Sie ihn verstanden haben
➠ Vermerken, ob Informationen schon bekannt waren
➠ Beurteilung der Relevanz der Information für Ihre eigenen Ziele
➠ Beurteilung der Qualität der Information

Während man die Notizen-Strategie danach bewerten muss, inwieweit sie Ihnen bei der Auswahl der wichtigsten Information hilft, so muss man die Nützlichkeit von aktiven Lesestrategien daran messen, inwiefern sie helfen, eine Information zu verstehen.

> **Beim Notizenmachen geht es um die Auswahl.**
> **Beim aktiven Lesen geht es um das Verstehen.**

Eine Schlüsselkomponente bei jeder Suche nach Verständnis ist, dass Sie die vorliegende Information mit verwandten, bereits in Ihrem Datenspeicher befindlichen Informationen verknüpfen. Solche Verbindungen erhalten Sie durch **Elaboration** oder Ausführung.

Elaborations-Strategien

Elaboration bedeutet über die dargebotene Information hinauszugehen, diese zu vertiefen. Elaborations-Strategien wurden im Zusammenhang mit Lernpaaren von miteinander assoziierten Dingen entwickelt, wie z.B. wenn Sie lernen, dass „aronga" auf Maori Richtung bedeutet. Die Elaboration könnte in diesem Zusammenhang beinhalten, dass Sie die zwei Bestandteile zu einer geläufigen Aussage oder einem Bild verbinden (z.B. „Sie gehen in die falsche Richtung") und auf diese Weise eine Verknüpfung zwischen den beiden herstellen.

Während sich beim Sprachenlernen (Fremdsprachen, neues Vokabular in der Muttersprache, Fachsprache) alles um das Verbinden von Wortpaaren dreht, ist dieses Lernen von wenig praktischer Relevanz für die meisten Informationsarten, an die wir uns erinnern möchten. Das Konzept der Elaboration lässt sich jedoch leicht auf komplexere Materialien ausdehnen.

Betrachten Sie den folgenden Text und stellen Sie sich vor, dass Sie sich die biografischen Daten dieser (fiktiven) Person einprägen möchten (das Beispiel stammt aus einer Studie von *McCormick & Levin* von 1987):

> Geboren und aufgewachsen auf einer Milch*farm*, wo sie sich mit um die Kühe kümmerte, war *Charlene McKune* an harte Arbeit gewohnt. Als Kind machte es McKune großen Spaß für ihre Tiere aus ihren *Bauklötzen* einen Stall zu bauen. Um Geld zu verdienen und weil sie Schmutz jeder Art verabscheute, begann McKune die *Autos* der Freunde Ihrer Eltern zu *waschen*.

Die *kursiv* gedruckten Wörter heben die wesentliche Information hervor.

Eine Methode diese Information zu elaborieren, um sie leichter erinnerbar zu machen, wäre ihre Umwandlung in ein interaktives Bild (**transformationelle Elaboration** – diese Strategie wird im nächsten Kapitel behandelt). Durch die Kodierung des richtigen Namens (Charlene McKune) als ein vorstellbares, ähnlich klingendes Wort (raccoon – „Waschbär"), kann die hervorgehobene Information in ein geistiges Bild des Tieres umgewandelt werden, das draußen auf einer Farm herumläuft, über eine lange Reihe von Bauklötzen springt, und einige Kinder beobachtet, die in der nähe Autos waschen.

Eine zweite Strategie (**nicht-transformationelle Elaboration**) beinhaltet die Abstraktion eines zusammenfassenden Themas und das Umschreiben der Information als integrierte Gruppierung um das Thema herum:

Charlene McKune verbrachte einen Großteil ihres Lebens in der Ruhe der ländlichen Abgeschiedenheit. Geboren und aufgewachsen auf einer Farm, lernte McKune die Friedfertigkeit und Stille des Landlebens zu lieben. Als sie noch ein Kind war, schnitzte ihr Vater für sie Bauklötze aus Holz auf der Farm und McKune verbrachte Stunden damit, Ställe und Silos aus diesen Klötzchen zu errichten. Um Geld zu verdienen begann McKune für die Farmer in der Nachbarschaft Autos – manchmal auch Traktoren – zu waschen.

Transformationelle versus nicht-transformationelle elaborative Strategien:

- transformationelle Strategien bringen Beziehungen in das zu lernende Material, die nicht immer von Natur aus da sind
- transformationelle Strategien können das Gedächtnis unterstützen, da aber die geschaffenen Beziehungen willkürlich sind, helfen sie Ihnen nicht beim Verständnis des Materials
- nicht-transformationelle Strategien ergänzen Information, die auf natürliche Weise, aus der Materie heraus, verbunden ist, und einen Sinn ergibt
- nicht-transformationelle Strategien unterstützen das Verständnis ebenso wie das Gedächtnis, da sie die zu lernende Information mit einer größeren Anzahl bedeutungsvoller Verbindungen anreichern

---

Übung 9.3

Können Sie das zusammenfassende Thema des zweiten Abschnitts über Charlene McKune abstrahieren?
Wenn die wichtigen Lerninformationen *Kühe, harte Arbeit, Tiere,* und *Schmutz verabscheuen* gewesen wären, was wäre dann das Thema? Können Sie die Passage umschreiben, damit sie dieses Thema widerspiegelt?

Elaborative Fragestellung

Die **elaborative Fragestellung** ist eine nicht-transformationelle elaborative Strategie. Die Hintergrundidee ist, dass wichtiges, früher angeeignetes Wissen nicht immer sofort zugriffsbereit ist, wenn Sie versuchen neue Informationen zu lernen und Sie deshalb manchmal Hilfe benötigen, um die richtigen Verbindungen herzustellen. Die Strategie verlangt von Ihnen, über die erhaltene Information hinauszugehen und Gründe für die Beziehungen zwischen den einzelnen Informationseinheiten zu bilden.

Betrachten wir uns z.B. den folgenden Absatz (aus einer Studie von *Woloshy, Willoughby, Wood und Pressley* von 1990):

> Die parkähnliche Atmosphäre an der Universität von Calgary entsteht zum Teil dadurch, dass die Schule keine Autos auf dem Campus erlaubt. Einige der besten kanadischen Forschungsinstitute, wie das Arctic Institute of North America, befinden sich auf oder in der Nähe des Campus. Die Universität hat auch ein Wildnis-Informations- und Kommunikationzentrum auf dem Gelände. Die Schule besitzt ein Theater nach dem Modell von Stratford. Im Kunstmuseum der Schule gibt es eine ausgezeichnete Sammlung antiker Münzen. Leider bietet die Schule nur sehr wenig Universitätssport an.

Die elaborative Fragestellungs-Strategie beinhaltet, die zu lernenden Fakten in Warum-Fragen umzuformulieren (z. B.: Warum sind einige der landesweit besten Forschungsinstitute auf oder in der Nähe dieses Campus angesiedelt?) und diese dann zu beantworten.

Die Strategie ist erwiesenermaßen effektiv, wenn die zu lernende Information vertraute Begriffe anspricht. Erinnern Sie sich: Elaborative Techniken helfen Ihrem Verständnis, indem sie neue Informationen mit Codes verbinden, die Sie bereits gespeichert haben und die Ihnen vertraut sind. So ist die elaborative Fragestellung eine Strategie, die sich am besten in Situationen anwenden lässt, in denen die zu lernende Information einen Bezug zu dem inhaltsreichen Netzwerk von Informationen in Ihrem Datenspeicher hat.

> **Die elaborative Fragestellung ist effektiv,**
> **weil sie Sie zwingt, bessere Übergruppierungen**
> **zu konstruieren.**

Wenn jedoch die zu Grunde liegenden Begriffe selbst neu sind, hat die elaborative Fragestellung wenig Nutzen (außer vielleicht, dass Sie sie auf Ihre Wissenslücken aufmerksam macht!).

Elaborative Fragestellung ist nützlich:

● wenn Sie Verständnis und Erinnern benötigen
● nur, wenn Sie bereits ausreichend damit in Verbindung stehendes Wissen besitzen

Elaboration, um Bedeutung hinzuzufügen

Wie wir wissen, muss Information, wenn Sie behalten werden soll, starke Verbindungen mit zugänglichen Codes (potenzielle Abrufhilfen) haben. Verbindungen stärken sich gegenseitig und die beste Art und Weise Information zu kodieren ist eine Gruppierung, die durch ein gemeinsames Thema sehr eng zusammenhängt.

Elaboration dreht sich um die Verknüpfung von neuer Information mit alter. Sie dreht sich um das Hinzufügen von Bedeutungsinhalten. Betrachten wir z.B. den folgenden Sachverhalt:

Arterien sind dick und elastisch und transportieren sauerstoffreiches Blut vom Herzen. Venen sind dünner und weniger elastisch und transportieren kohlendioxid-reiches Blut zum Herzen zurück.

Angenommen, Sie verstünden recht wenig von Anatomie und diese Information wäre recht neu für Sie, dann hätten Sie im Grunde drei Möglichkeiten, um diese zu lernen: Der einfachste und am wenigsten effektivste Weg ist die simple Wiederholung *ad nauseam*, bis die Information sozusagen durch rohe Gewalt eingetrichtert und fest verankert ist. Eine effektivere Methode wäre der Einsatz einer Mnemotechnik (siehe nächstes Kapitel), die willkürliche Informationen leichter einprägbar macht.

So könnten Sie z.B. einprägsame Sätze kreieren wie „Der Herr *Art*(erie) war in der Mitte *dick*, so dass er Hosen mit einem *elastischen* Gummiband trug."

Für den Fall, dass dies alle Anatomiekenntnisse wären, die Sie sich aneignen möchten, könnte Ihnen diese Gedächtnishilfe von Nutzen sein. Doch um Anatomie zu lernen, sind solche Mnemotechniken sinnlos. Um ein Verständnis zu entwickeln, müssen Sie einen anderen – nicht-transformationellen – Ansatz verwenden: Sie müssen Übergruppierungen bilden.

Das kritische Merkmal ist, wie bereits erläutert, dass Sie die *Wichtigkeit* und Bedeutung der Information verstehen. Es hilft nicht unbedingt, mit einer Unmenge zusätzlicher Fakten ausgestattet zu werden, die Bezug zu der zu lernenden Information haben. Dies kann sogar das Gedächtnis behindern, wenn die Fakten nicht in direktem Bezug stehen.

Deshalb würden Sie sich in unserem Beispiel fragen: Warum sind Arterien dicker und elastischer als Venen? Steht dies in Verbindung zu ihren unterschiedlichen Funktionen? Vielleicht müssen Arterien elastisch sein, weil das Blut stoßweise aus dem Herzen gepumpt wird, wohingegen Venen, die das Blut wieder zum Herz zurücktransportieren, weniger Veranlassung haben sich auszudehnen oder zusammenzuziehen. (Das Beispiel stammt aus einer Studie von *Bransford, Stein, Shelton & Owings*.)

> **Elaborationen sind in dem Maße effektiv, in dem sie die Willkürlichkeit der Verbindungen zwischen den Codes verringern.**

Experten auf einem Gebiet bilden solche Elaborationen ganz leicht und unmittelbar. Es ist gut möglich, dass diese Fertigkeit den ausschlaggebenden Unterschied zwischen erfolgreichen und schlechten Schülern ausmacht.

Je schwieriger es Ihnen fällt, effektive Elaborationen zu bilden, desto mehr benötigen Sie Informationen, bei denen solche Elaborationen bereits ausgearbeitet sind. Wenn Sie ein Gespür für bedeutungsvolle Beziehungen zwischen Fakten haben, sind Sie von der Qualität des Ihnen vorliegenden Materials weniger abhängig.

Elaborative Strategien benötigen zwar mehr Platz in Ihrem Arbeitsgedächtnis als einfache Strategien, wie z.B. die Wiederholung. Der Kapazitätsanspruch von komplexen Strategien wird jedoch immer kleiner, je erfahrener Sie in der Ausübung werden.

Elaborieren um Expertenwissen zu entwickeln

● Elaboration ist in dem Maße effektiv, in dem sie sinnvoll Informationen verbindet.

● Elaboration ist in dem Maße effektiv, in dem sie die Beziehungen zwischen Fakten erklärt.

● Elaboration ist in dem Maße effektiv, in dem sie die Anzahl der Erinnerungspfade vergrößert.

● Fragen stellen ist ein effektiver Weg, um über die vorliegende Information hinauszugelangen.

● Das Stellen von „Warum-Fragen" ist ein effektiver Weg, um bedeutungsvolle und relevante Verbindungen herzustellen.

Übung 9.4

Testen Sie Ihr Verständnis für effektive Elaborationen

a) Was ist am Einprägsamsten: „der Esel *und* die Hecke", „der Esel *an* der Hecke", oder „der Esel *in* der Hecke"?

b) Welche Aufzählung bleibt am besten im Gedächtnis?

Hut – Mut	Blume – Bluse	Geld – Beutel
Maus – Haus	Gold – Geld	Sand – Burg
Sonne – Wonne	Körner – Kerne	Blech – Stern
Baum – Zaun	Fliehen – Fliegen	Regen – Schirm

Die richtige Lernstrategie anwenden

Wenn Sie entscheiden müssen, welches die beste Lernstrategie in einer Situation ist, in der Sie eine bedeutungsvolle Information verstehen und sich merken wollen, müssen Sie diese Information zuerst beurteilen.

Entsprechend ihrer Struktur und Dichte können Sie Texte in eine von drei Stufen einteilen:

1. einfach (unkomplizierter Text mit klaren Verbindungen)
2. komplex (typisches Kennzeichen sind häufige Themenwechsel und mehr als eine Informationsebene)
3. schwierig (dichter Text mit vielen Themenwechseln, oft unklar, unlogisch und/oder abstrakt)

Diese unterschiedlichen Textarten erfordern nach und nach komplexere Strategien.

Innerhalb jeder dieser Textebenen gibt es Abstufungen des Komplexitäts- und Schwierigkeitsgrades. Diese beeinflussen ebenfalls Ihre Strategiewahl sowie die Anzahl der erforderlichen Strategien.

Um den Schwierigkeitsgrad eines Textes einzustufen:

● Schätzen Sie die Dichte ein: Wie viele unterschiedliche Ideen stecken in jedem Absatz? Wie viele auf einer Seite?
● Schätzen Sie die Effektivität der Struktur ein: Ist der Text in logische Abschnitte aufgeteilt? Bringen die Überschriften das Ab-

schnittsthema auf den Punkt? Werden Themenwechsel durch
Überschriften angezeigt?

● Suchen Sie nach effektiven Hinweisen: Werden Schlüsselpunkte
hervorgehoben?

● Schätzen Sie die Komplexität ein: Können wichtige Konzepte in
einzelnen Worten oder kurzen Sätzen leicht vermittelt werden?
Ist die Information in jedem Abschnitt sinnvoll verknüpft? Wie
viele Themenwechsel gibt es?

● Vergleichen Sie den Stil: Entspricht der Ansatz dem Ihrigen?

Lernstrategien lassen sich in sechs allgemeine Prozesse einteilen:

Allgemeiner Prozess	Konkrete Strategien
Neu formulieren	Paraphrasieren, Visualisieren, transformationelle Elaboration
Auswählen	Unterstreichen, Rahmen, Listen
Themen abstrahieren	Überschriften, Zusammenfassungen
Struktur erkennen	Übersichten, grafische Schemata
Information sinnvoll aufarbeiten	elaborative Fragestellung, Analogien, Karten, multimediale Zusammenfassungen, Umstrukturierung, Schaubilder und Tabellen, Textabschnitte zusammenfügen
Verständnis überprüfen	Bilden und Prüfen von Theorien über die Bedeutung des Textes, zusätzliche Informationen suchen

Nun können wir diese Prozesse unserer Textklassifizierung gegenüberstellen (wobei die Prozesse neben den Textstufen die *zusätzlich*
erforderlichen Prozesse angeben):

Einfacher Text:	Neu formulieren
Komplexer Text:	Auswählen
	Themen abstrahieren
	Struktur erkennen
	Information sinnvoll aufarbeiten
Schwieriger Text:	Verständnis überwachen

Denken Sie an die entscheidenden Fragen, wenn Sie sich für eine konkrete Lernstrategie entscheiden:

> **Hilft Ihnen die Strategie, die Information zu verstehen?**
> **Hilft Ihnen die Strategie, wichtige Informationen auszuwählen?**

Diese Fragestellungen betreffen nicht nur den Nutzen einer bestimmten Strategie in einem bestimmten Zusammenhang, sondern auch *Sie selbst*. Wir alle unterscheiden uns etwas in der Art und Weise wie wir Informationen angehen und wahrnehmen. Wenn eine Technik bei mir funktioniert, muss sie dies nicht automatisch auch bei Ihnen tun; wenn Sie eine Strategie auswählen, müssen Sie Ihren eigenen **Lernstil** berücksichtigen.

Ihr persönlicher Lernstil

Der Tiefen- versus Oberflächen-Ansatz

Von verschiedenen Forschern und Autoren wurde eine ganze Anzahl unterschiedlicher Lernstile identifiziert. Der grundlegendste Unterschied scheint jedoch der zwischen einem **tiefgehenden Lernansatz** (elaborierendes Memorieren) und einem **oberflächlichen Lernansatz** (oberflächliches Memorieren) zu sein. Ein Tiefen-

Ansatz sucht nach Bedeutung, während ein Oberflächen-Ansatz nur darauf abzielt, Informationen zu reproduzieren.

Ein weiteres Unterscheidungsmerkmal kann sein, ob die Aufmerksamkeit auf die pauschalen, allgemeinen Erfahrungsmerkmale gelenkt oder eine Punkt-für-Punkt-Analyse der Einzelheiten (mit Spaß an genauen Aufzählungen von Regeln) vorgezogen wird.

	Tief	**Oberflächlich**
Pauschal	Suche nach Bedeutung durch Gliederung des Materials zu einem integrierten Ganzen	Einprägen eines fertig gegliederten Ganzen
Analytisch	Suche nach Bedeutung durch Analyse von einzelnen Punkten	Einprägen einzelner Punkte

Natürlich schließen sich diese Unterscheidungsmerkmale nicht gegenseitig aus. Wir verwenden jeden dieser Ansätze zu unterschiedlichen Zeiten und in verschiedenen Situationen. Persönliches Interesse, die Fähigkeiten und die Begeisterung eines bestimmten Lehrers sowie bestimmte Themen, all dies beeinflusst unsere Annäherung an eine Lernaufgabe.

Die Naturwissenschaften neigen beispielsweise dazu, Einzelheiten hervorzuheben. Dadurch kann ein Tiefen-Ansatz einem Oberflächen-Ansatz äußerlich sehr stark ähneln. Auch wenn die Wissenschaften einen stärker analytisch betonten Ansatz erforderlich machen, müssen Sie wachsam bleiben, um sich nicht zu sehr im Detail zu verstricken und steckenzubleiben. Ursache-Wirkung-Beziehungen zu verstehen ist wichtig und erfordert die Suche nach Bedeutung.

In der Regel, und dies gilt für jedes Fach, ist ein Tiefen-Ansatz die wesentlich bessere Methode, wenn Sie beabsichtigen sich ein bestimmtes Niveau an Fachkenntnis anzueignen. Wenn Ihr Ziel sowohl Verstehen als auch Erinnern ist, so ist der wirkungsvollste Ansatz die Suche nach den zu Grunde liegenden, verbindenden Prinzipien. Selbst Vokabeln können verstanden und müssen nicht einfach auswendig gelernt werden. Es gibt nur wenig „Zufallsworte" und wenn Sie die Abstammung von Wörtern kennen, ist die Wahrscheinlichkeit größer, dass Sie sich an diese erinnern.

Sollte Ihr Ziel jedoch lediglich darin bestehen, eine Prüfung zu bestehen, ist Auswendiglernen eine absolut geeignete Technik, um Fakten auszuspucken (so lange keine Fragen gestellt werden, die von Ihnen verlangen, dass Sie über die erhaltene Information hinaus demonstrieren, dass Sie die richtigen Schlussfolgerungen aus den zu Grunde liegenden Konzepten und Prinzipien ziehen können, die Sie scheinbar gelernt haben).

Der Schlüssel liegt wie immer in Ihrer Auswahl der „richtigen" einzuprägenden Information.

Lernende, die einen Oberflächen-Ansatz verfolgen, streben in der Regel hauptsächlich nach dem Erfüllen einer Aufgabe oder Anforderung. Sie sind meistens froh über Lehrer, die die Lernaufgaben vorgeben, und interessieren sich in erster Linie für den Abschluss, den sie erreichen wollen. Lernenden, die sich für das Themengebiet an sich interessieren, liegt eher daran, selbst ihre Lerngrenzen festzulegen. Sie haben häufig eine Abneigung gegen Examina und Vorlesungen (die ja die Grenzen des Lehrers spiegeln). Lernende, die mit einem tiefgehenden Ansatz arbeiten, sind in der Regel wesentlich erfolgreicher als solche mit einem oberflächlichen Ansatz.

Ihren persönlichen Stil überschreiten

Beide Ansätze, sowohl pauschale als auch analytische, haben ihre Vorteile – ein flexibler Stratege hat einen Stil, in dem beide Ansätze integriert sind. Der kritische Punkt ist nicht so sehr, welches Ihr Stil ist, sondern ob er sich für den Präsentationsstil der Information, die Sie zu lernen haben, eignet. Denn Sie lernen besser, wenn die Aufgabe zu Ihrem Stil passt. Sie müssen mehr Zeit für Informationen aufwenden, deren Darbietung nicht mit Ihrem Stil vereinbar ist. Eine lange Liste mit Prinzipien aufzustellen mag für analytisch Lernende, die versuchen, sich jede Beziehung einzuprägen, eine schwere Aufgabe sein. Für Pauschallerner berührt diese Aufgabe vielleicht eher die Fertigkeit zur konzeptionellen Neugliederung als die Gedächtnisfertigkeiten.

Anstatt Ihren Stil *verändern* zu wollen (ein sehr schwieriges Unterfangen), sollten Sie versuchen diesen zu *überschreiten* – sich Ihres Stils bewusst zu sein, seine Stärken und, noch wichtiger, seine Schwächen zu kennen.

> **Lernen Sie auf die Art von Information zu achten, die Sie gerne übersehen.**

Lernstil	Schwächen	Empfohlene Strategien
Tief-pauschal	• keine Beachtung wichtiger Details	• auswählen (hervorheben)
Tief-analytisch	• kein Verbinden und Integrieren von Information	• Struktur wahrnehmen • Themen abstrahieren
Oberflächlich-pauschal	• keine Suche nach zu Grunde liegenden Beziehungen und Bedeutung	• Themen abstrahieren • die Bedeutung einer Information herausarbeiten
Oberflächlich-analytisch	• kein Verbinden von Information • keine Suche nach zu Grunde liegenden Beziehungen und Bedeutung	• Struktur wahrnehmen • Themen abstrahieren • die Bedeutung einer Information herausarbeiten

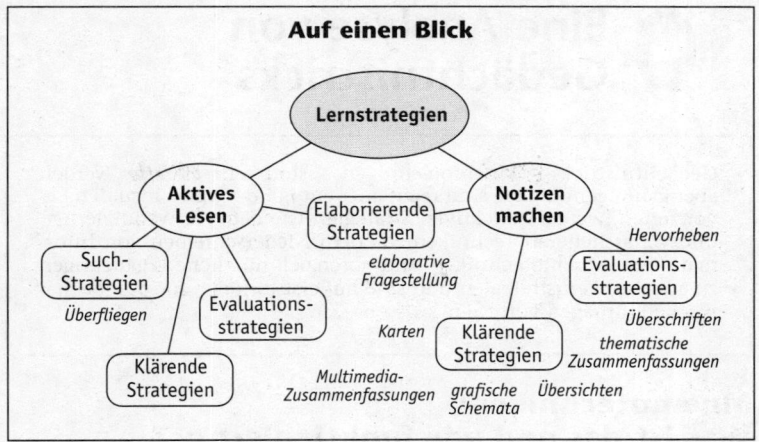

Die wichtigsten Punkte

Lernstrategien sind in dem Maße wertvoll, in dem sie Ihnen helfen, Material zu verstehen und die wichtige Information von der unwichtigen zu unterscheiden.

Der erste Schritt zum Verständnis ist effektiv zu lesen. Effektives Lesen verlangt vom Leser sich aktiv auf den Text einzulassen.

Notizen machen hilft Ihnen, die wichtige Information auszuwählen. Effektives Notizen machen muss in Ihren eigenen Worten erfolgen.

Um eine neue Information mit einer alten zu verknüpfen müssen Sie über die dargereichte Information hinausgehen (Elaboration). Das Stellen von „Warum"-Fragen ist ein hifreiches Mittel.

10 Eine Analyse von Gedächtnistricks

Gedächtnistricks – Mnemotechniken – sind sehr effektiv, werden aber kaum genutzt. Sie sind recht aufwendig im Vergleich zu den bevorzugten, weniger effektiven Strategien wie dem Auswendiglernen und verlässlicheren Techniken wie dem Niederschreiben von Informationen. Mnemotechniken sind potenziell nützliche Ergänzungen zu anderen Lernstrategien und sind äußerst hilfreich für das mechanische Einprägen von Faktenwissen.

Mnemotechniken: Was ist das und wie funktioniert es?

Mnemotechniken sind Erinnerungshilfen wie Akronyme, Reime, Eselsbrücken, das Verknüpfen von Informationen durch visuelle Vorstellungen oder das Erfinden einer Geschichte. Sie werden gerne als Gedächtnistricks und nicht als Strategien betrachtet, aber damit tut man ihnen Unrecht. Mnemotechniken bauen wie jede andere Gedächtnisstrategie auf den grundlegenden Gedächtnisprinzipien auf, die ich bereits erläutert habe.

> **Mnemotechniken sind eine besondere Art von Gedächtnisstrategien.**

Fazit

Obwohl Mnemotechniken effektiv sind, werden sie nur von sehr wenigen Menschen regelmäßig eingesetzt. Warum?

- Mnemotechniken erfordern mehr Zeit und Aufwand, bis sie beherrscht werden, als die bevorzugten Alternativen: externe Strategien (wie Notieren) und Auswendiglernen.
- Viele Menschen wissen nicht, wann sie sie einsetzen können.

Ein Grund für das niedrige Ansehen von Mnemotechniken ist, dass sie zwar sehr effektiv beim Auswendiglernen sind, aber wenig nutzen, wenn es um Verständnisfragen geht. Auch wenn das Verstehen natürlich ein notwendiger Bestandteil von Fachkenntnis ist, so gibt es doch in jedem Fachgebiet auch Teile, die man sich auswendig einprägen muss – und in unserem täglichen Leben gibt es viele Dinge, die wir wissen, aber nicht verstehen müssen.

Mnemotechniken werden als geeignete Erinnerunghilfen für die folgenden Informationsarten empfohlen:

- Vokabeln
- Einkaufslisten
- Verabredungen
- Karten spielen
- Fakten
- Reden
- Rollen in Theaterstücken
- Namen und Gesichter

- Telefonnummern
- Geburts- und Jahrestage
- persönliche Nummern (z.B. Ausweisnummer, Kontonummer)
- Inhalte von Artikeln, Büchern
- Ideen
- Witze
- Gedichte

Die Grenzen der Mnemotechniken sind kein Grund sie auszurangieren. Um Sie aber wirkungsvoll einsetzen zu können, müssen Sie in der Lage sein, sie *wohlüberlegt* zu handhaben – also weise abwägen, wann ihre Verwendung empfehlenswert ist.

Damit Ihnen dies möglich ist, müssen Sie wissen, wie die unterschiedlichen Techniken funktionieren.

Visuelle Mnemotechniken

Die visuelle Vorstellung ist eine häufige Ausgangsbasis für Mnemotechniken. Die bekanntesten sind die **Listen-Lern-Strategien** – die **Orts-Methode**, die **Aufhänger-Methode** und die **Ketten-Methode**. Während dies zweifellos nützliche Techniken sind, eignen sie sich wahrscheinlich als allgemeine Strategien weniger als die transformationellen, elaborativen Strategien – die Schlüsselwort-Methode und die Gesicht-Name-Assoziation.

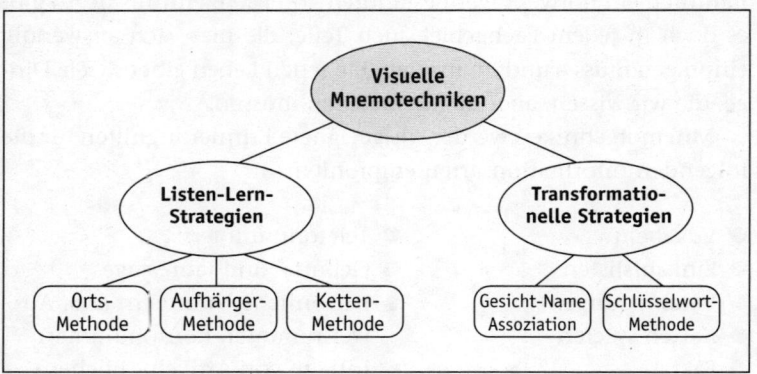

Die Schlüsselwort-Methode

Die Schlüsselwort-Methode wurde besonders angepriesen als effektive Technik zum Fremdsprachenlernen. Es liegt nahe, dass sie dann genauso hilfreich sein muss, um den muttersprachlichen Wortschatz zu erweitern sowie für das Lernen von Fachbegriffen. Sie wurde ebenfalls erfolgreich eingesetzt, um sozialwissenschaftliche Daten zu vermitteln (z. B. die Erzeugnisse eines Landes, Hauptstädte), naturwissenschaftliche Fakten (z. B. chemische Rektionen, Bestandteile des Skeletts und Nevensystems) sowie die Namen und Gesichter von Menschen. Die Methode umfasst zwei Stufen:

➠ Verbinden Sie das Fremdwort mit einem deutschen Wort, das sich anhört wie ein Teil des Fremdwortes (z.B. das Spanische „carta", klingt wie das Deutsche „Karte"). „Karte" ist das **Schlüsselwort.**

➠ Dann verbinden Sie das Schlüsselwort mit der deutschen Bedeutung des Fremdwortes durch ein interaktives Bild (z.B. „carta" bedeutet „Brief", also visualisieren Sie eine Karte in einem Brief).

Die Schlüsselwort-Methode scheint die effektivste Technik zu sein, um Vokabular dem passiven Verständnis nach zu lernen (wissen, was ein Wort bedeutet, wenn es Ihnen begegnet). Wenn Ihr Ziel jedoch darin besteht, ein Wort aktiv gebrauchen zu können, ist Auswendiglernen besser. In anderen Worten: Ihre Karte im Brief wird Sie daran erinnern, was *carta* bedeutet, wenn Sie das Wort hören, aber es muss Ihnen nicht unbedingt nützlich sein, um sich an das spanische Wort für *Brief* zu erinnern.

Gleiches gilt, wenn Sie lernen, dass Canberra die Hauptstadt von Australien ist, indem Sie sich eine Kanne auf der Australienkarte vorstellen. Es dürfte Ihnen leicht fallen, die Frage „Von welchem Land ist Canberra die Hauptstadt?" zu beantworten, aber weniger einfach wird die Antwort auf die Frage „Wie heißt die Hauptstadt von Australien?" sein.

Die Schwierigkeit ist, dass obwohl man sich an den Schlüsselbestandteil des Wortes sehr wahrscheinlich erinnert (der *Karten*-Teil von *carta*; der *Kanne*-Teil von *Canberra*), jedes andere beliebige Wort mit dieser Komponente ebenfalls möglich erscheint.

Denken Sie darüber nach. Um sich daran zu erinnern, dass *carta* ‚Brief' bedeutet, müssen Sie:

1. das Schlüsselwort von dem Wort (*Karte* von *carta*) ableiten
2. das interaktive Bild vom Schlüsselwort ableiten (*Karte in Brief* von Karte)
3. die Bedeutung vom Bild ableiten (*Brief* von *Karte in Brief*).

Obwohl sich dies etwas kompliziert anhört, wiederholt dieser 3-Stufen-Prozess lediglich die Schritte, mit denen Sie zu Anfang die Information kodiert haben. Je offensichtlicher Ihre ursprüngliche Kodierung war, um so einfacher wird es natürlich sein, den Prozess zu wiederholen.

Um sich aber an das spanische Wort für *Brief* zu erinnern, müssen Sie auf jeden Fall:

1. das interaktive Bild wiederfinden (*Karte in Brief*, von *Brief*)
2. das Bild verwenden, um das Schlüsselwort abzuleiten (*Karte* von *Karte in Brief*)
3. das Schlüsselwort verwenden, um das Fremdwort abzuleiten (*carta* von *Karte*).

Während es natürlich so aussieht, als wäre es ein leichtes, *carta* von Karte abzuleiten, sind andere Assoziationen mit großer Wahrscheinlichkeit nicht so einfach – versuchen Sie einmal *pequenos* von *Pekinese* oder *Peperoni* abzuleiten!

> **Die Schlüsselwort-Methode ist sehr effektiv, um neue Fakten mit gut eingeprägten Fakten zu verknüpfen. Sie ist jedoch wenig hilfreich, wenn man sich an die neuen Fakten selbst erinnern will.**

Im allgemeinen ist das Hauptziel jedoch oft das reine Verständnis und dies erreicht man erfolgreich mit der Schlüsselwort-Methode. Der größte Vorteil der Schlüsselwort-Methode gegenüber anderen Techniken zur Erinnerung von Informationen dieser Art ist, dass Sie sich die Information schneller aneignen – aber nicht besser. Für langfristiges Erinnern ist es ebenso effektiv, neue Worte in einem bedeutungsvollen Zusammenhang richtig zu erlernen.

Die Schlüsselwort-Methode: Leitfaden für den Einsatz

- sehr erfolgreich beim Erlernen von Wortbedeutungen
- nicht besonders effektiv, um sich an die Worte selbst zu erinnern
- funktioniert am besten, wenn Sie das Schlüsselwort vorgegeben bekommen, aber Ihr eigenes Bild dazu kreieren
- besonders geeignet zum Erlernen von:
  - Vokabeln
  - Gesicht-Name-Assoziationen
  - Kernfakten

Gesicht-Name-Assoziationen

Eine Variante der Schlüsselwort-Methode, die häufiger als andere Mnemotechniken verwendet wird, ist die Gesicht-Name-Assoziation. Da Gesicht-Name-Assoziationen in der Regel nur in eine Richtung notwendig sind – sich an einen Namen erinnern, wenn man ein Gesicht sieht, und nicht umgekehrt – ist diese entsprechend modifizierte Schlüsselwort-Methode wahrscheinlich geeigneter für Gesicht-Name-Assoziationen als für das Erlernen einer Sprache.

Eine Gesicht-Name-Assoziation kreieren

● Wählen Sie ein Unterscheidungsmerkmal in dem Gesicht aus (z.B. Nase).
● Suchen Sie einen Namen oder Ausdruck, der wie der Name der entsprechenden Person klingt (*Heide Huhn* für *Heidrun*).
● Erschaffen Sie ein interaktives Bild, welches das Unterscheidungsmerkmal mit dem/den Schlüsselwort/wörtern verbindet (ein *Huhn* rennt durch die *Heide* mit einer *Nase* im Schnabel).

Um sich an den Namen zu erinnern, wenn Sie das Gesicht wiedersehen, müssen Sie:
● das Unterscheidungsmerkmal identifizieren, das Sie beim Kodieren verwendet haben (*Nase*),
● dieses Merkmal verwenden, um sich mit dessen Hilfe an das interaktive Bild zu erinnern (ein *Huhn* rennt durch die *Heide* mit einer *Nase* im Schnabel),
● die Schlüsselwörter vom Bild ableiten (*Heide Huhn*)
● und diese verwenden, um sich damit an den Namen zu erinnern (*Heidrun*).

Wie bereits angesprochen ist die Verbindung zwischen dem Namen einer Person und Ihrem Aussehen absolut willkürlich – aus diesem Grund liegt der Fokus der Gesicht-Name-Assoziation auf dem Erfinden einer Verbindung zwischen körperlichen Merkmalen und dem Namen (über visuell abgeleitete semantische Codes).

Das charakteristische Merkmal ist ein Angelpunkt für den Erfolg dieser Methode. Ohne Unterscheidungsmerkmal wird sie nicht funktionieren. Je unterscheidungskräftiger das Merkmal, desto effektiver wird die Methode sein. Leider finden sich jedoch nur in den wenigsten Gesichtern solch charakteristische Besonderheiten! Oft ist es recht schwierig ein Unterscheidungsmerkmal auszuwählen. Und noch schwieriger ist es ein Merkmal zu finden, das Sie bisher kaum verwendet haben.

> **Gesicht-Name-Assoziationen funktionieren nur, wenn das ausgewählte Unterscheidungsmerkmal ein effektiver Hinweis ist.**

Den meisten Leuten ist diese Technik zu kompliziert und zeitaufwendig, um sie in gängigen gesellschaftlichen Situationen anzuwenden. Mit viel Übung können Sie zwar recht geschickt im Umgang mit dieser Methode werden. Sollten Sie aber keine natürliche Leichtigkeit bei dieser Strategie haben und auch nicht zum Üben bereit sein, ist es unwahrscheinlich, dass Sie diese Strategie oft einsetzen werden.

Nicht so effektiv, dafür aber wesentlich einfacher und dennoch eine große Erinnerungshilfe wenn es um Personennamen geht, ist das einfache Wiederholen des Namens der entsprechenden Person, und zwar so oft wie möglich: beim bekannt Machen, während der Unterhaltung und bei der Verabschiedung.

Dies soll nicht heißen, dass es die Gesicht-Name-Assoziation nicht verdient einen Platz in Ihrem Werkzeugkasten für Erinnerungstechniken zu bekommen. Sollte das Erinnern von Personennamen zu Ihren Prioritäten gehören, dann ist die Übungszeit, die Sie in diese Strategie investieren, mit Sicherheit gut angelegt. Selbst wenn Ihnen die Fertigkeit fehlt, diese Methode regelmäßig anzuwenden, können Sie sie immer noch dann einsetzen, wenn Sie sich einen Namen einprägen wollen, der wichtig genug ist, um diesen Aufwand zu rechtfertigen.

Der Hauptvorteil der Gesicht-Namen-Assoziations-Methode liegt jedoch in Situationen, in denen Sie eine große Anzahl von Namen lernen müssen und auch die Zeit haben, diese zu erlernen. Z.B. könnte ein Lehrer diese Methode dazu einsetzen, sich die Namen all seiner Schüler am ersten Schultag einzuprägen (vorausgesetzt der Lehrer hat Zeit sich ruhig hinzusetzen und seine Studenten anzustarren!). Fotos helfen dabei natürlich ganz besonders.

Listen-Lern-Strategien: die Orts-Methode, die Aufhänger-Methode und die Ketten-Methode

Die **Orts-Methode** (auch als Loci-Methode bekannt) ist der Klassiker unter den Mnemotechniken. Die ersten Niederschriften über ihren Einsatz datieren 2500 Jahre zurück. Und so funktioniert sie: Zuerst wählen Sie einen Ort aus, den Sie sehr gut kennen. Dies kann eine vertraute Wegstrecke, Ihr Haus oder ein bestimmtes Zimmer in Ihrer Wohnung sein. Das Entscheidende ist, dass Sie sich mehrere „Markierungspunkte" (verschiedene fest platzierte Gegenstände in einem Zimmer z.B.) einfach ins Gedächtnis rufen können. Diese Markierungspunkte sind Ihre Anker, und Sie müssen üben, sie in einer bestimmten gedanklichen Reihenfolge abzugehen. Bei einer Wegstrecke ist dies natürlich einfach.

Wollen Sie sich nun an eine Auflistung erinnern, sagen wir an eine Einkaufsliste, dann stellen Sie sich der Reihe nach jeden Artikel an diesen Orientierungspunkten vor. Z.B. einen Brotlaib, der aus einem Briefkasten heraushängt, einen Riesenapfel vor einer Eingangstür, den Flur voller Bohnen, eine gigantische Banane im Badezimmer etc.

Diese Technik ist für das Listenlernen äußerst effektiv, was nicht überrascht, da sie zwei unserer Grundprinzipien Rechnung trägt:

➡ sie verwendet sehr gut eingeprägte Hinweise als Anker für neue Informationen und

➡ sie verwendet visuelle Vorstellungen um die Verbindungen zu stärken.

Da die Orts-Methode Abrufhilfen einsetzt, die Sie bereits sehr gut kennen, ist sie wahrscheinlich die einfachste unter den visuellen Mnemotechniken. Sie ist vor allem hilfreich für Kellner, die von Tisch zu Tisch gehen um Bestellungen aufzunehmen. Die Getränke an bestimmten Orten zu visualisieren ist praktischer, als die Bestellungen aufzuschreiben, da der Zeitdruck in diesen Situationen eine interne Technik effektiver macht als eine externe.

Die **Aufhänger-Methode** basiert auf derselben Ausgangsidee wie die Orts-Methode, nur dass bei dieser anstelle von Orten Zahlen als Hinweisgeber eingesetzt werden. Diese Zahlen werden mittels eines einfachen Kinderreims wie dem folgenden in visuelle Vorstellungen umgewandelt:

„Eins ist der Heinz, zwei ist ein Ei, drei ist der Brei, vier ist das Tier, fünf sind die Strümpf', sechs ist die Hex, sieben sind die Rüben, acht ist die Nacht, neun ist die Scheun', und zehn sind die Feen".

Der Reim muss auswendig gelernt werden, bis er sich sehr gut eingeprägt hat. Dementsprechend ist der Aufwand für die Aufhänger-Methode größer als für die Orts-Methode, bei der bereits gut eingeprägte Abrufhilfen verwendet werden. Sie hat jedoch einen Vorteil gegenüber der Orts-Methode, und zwar dass die einzelnen Listenpunkte nicht an eine bestimmte Reihenfolge gebunden sind. Deshalb ist es nicht notwendig, sich die ganze Liste ins Gedächtnis zu rufen, um eine einzige Sache wiederzufinden.

Ebenso wie die Orts- und die Aufhänger-Methode verwendet auch die **Ketten-Methode** visuelle Vorstellungen um Dinge miteinander zu verbinden. Im Gegensatz zu einer zuvor gut eingeprägten Struktur, an der die neue Information angeknüpft wird, werden hier die Einzelpunkte aneinander festgemacht. Um sich also an Ihre Einkaufsliste mit Brot, Äpfeln, Bohnen und Bananen zu erinnern, würden Sie eine Vorstellung schaffen, in der das Brot mit den Äpfeln auf irgendeine Weise interagiert, dann folgt ein weiteres Bild mit Äpfeln und Bohnen, dann eines bei dem die Bohnen mit Bananen zusammengebracht werden. Die einzelnen Bestandteile der Liste werden auf diese Weise miteinander verkettet.

Nachteile dieser Methoden:

- *Orts- und Ketten-Methode*: Wenn Sie sich nur an einen Artikel aus der Liste erinnern wollen und nicht an die gesamte Aufzählung, müssen Sie trotzdem am Anfang beginnen und die ganze Liste durchgehen, bis Sie zu dem gesuchten Artikel kommen.
- *Orts- und Aufhänger-Methode*: Durch die ständige Wiederverwendung der Orientierungspunkte können Sie sich immer nur die zuletzt erstellte Liste leicht ins Gedächtnis zurückrufen. Ältere Listen sind wesentlich schwieriger abrufbar. Diese Technik kommt deshalb in erster Linie als kurzfristige Gedächtnisstrategie in Frage – um dauerhaft Wissen zu verankern ist sie ungeeignet.
- *Alle Methoden*: Die Methoden sind schwer einzusetzen, wenn Ihnen die Information zu schnell präsentiert wird.
- *Aufhänger- und Ketten-Methode*: Die Methoden sind ohne intensives Training kaum wirkungsvoll einzusetzen.

Die meisten von uns haben nur begrenzten Bedarf am Listenlernen. Mnemonische Listen-Lern-Strategien haben einen potenziell größeren Nutzen, wenn sie in Verbindung mit anderen Strategien verwendet werden.

> **Mnemo-Listen-Lern-Techniken können in Verbindung mit anderen Methoden sehr hilfreich sein.**

Vorteile der Mnemonischen Listen-Lern-Techniken:

● Sie können die Information im Gedächtnis gliedern.
● Sie können Anker für die Information bereitstellen.
● Sie können Verbindungen stärken.

Wenn Sie sich daran erinnern, wie wichtig Anker sind, also die Schlüsselteile der Informationsgruppe, die als Bezugspunkte für eine Gruppierung dienen, dann werden Sie verstehen, dass in Listen-Lern-Mnemotechniken sehr wohl Potenzial steckt, diese Anker für leichten Informationsabruf zu kodieren.

Es gibt hauptsächlich zwei Arten von Textmaterial, für die Mnemotechniker besonders geeignet sind:

➡ Text, der leicht zu verstehen ist, aber eine Anzahl von Details enthält, die man leicht übersehen kann.
➡ Text, der zwar strukturiert ist, aber weder gut genug aufgebaut noch ausreichend bekannt ist, als dass seine Struktur als Rahmen für den Erinnerungsprozess verwendet werden könnte.

Um eine Listen-Lern-Technik für einen Text zu verwenden, müssen Sie:

1. die Information *verstehen*
2. die Anker *auswählen*
3. die Anker *kodieren* (Mnemotechnik)
4. die kodierten Anker *gruppieren* (Mnemotechnik)

Für Ihre Anker sollten Sie Einzelheiten auswählen, bei denen Sie vermuten, dass Sie sich an diese andernfalls nicht mehr erinnern würden oder Details, die als effektive Abrufhilfen für andere Informationsstücke dienen können. Sie kodieren diese Einzelheiten, indem Sie dafür eine visuelle Vorstellung erschaffen und dann die Details unter Anwendung einer der Listen-Lern-Mnemotechniken integrieren.

Eine Listen-Lern-Mnemotechnik in dieser Weise zu verwenden ist nachweislich Erfolg versprechend.

Warnung: Ein Thema zu beherrschen verlangt zwar von Ihnen durchaus das Erlernen einer großen Anzahl von Fakten und neuem Vokabular. Somit erscheinen Mnemotechniken als potenziell sehr effektive Mittel zum Erwerb von Fachwissen. Ein Experte zu sein heißt jedoch nicht nur „viel zu wissen". Ein Experte hat vielmehr einen sehr gut gegliederten Gedächtnisbereich, in den neue Informationen leicht integriert werden können. Mnemotechniken allein werden Ihnen nicht helfen, die Bedeutung eines Sachverhaltes zu verstehen und somit auch nicht, Fachkenntnis auf einem bestimmten Gebiet zu entwickeln.

Listen-Lern-Techniken: Leitfaden für den Einsatz

- um sie erfolgreich anwenden zu können, müssen Sie in der Lage sein auf die Schnelle geistige Bilder zu kreieren
- um sie erfolgreich anwenden zu können, müssen alle Schritte richtig durchgeführt werden
- sie helfen Ihnen, schneller zu lernen, nicht besser
- sie sind hilfreich um:
  - die richtige Reihenfolge zu lernen
  - sich Abrufhilfen einzuprägen
  - viele Einzelheiten zu verankern
- sie sind im täglichen Leben z. B. nützlich für
  - Einkaufslisten

Bildliche Vorstellungen einsetzen

Die meisten Mnemotechniken basieren auf visuellen Vorstellungen. Es besteht kein Zweifel, dass geistige Bilder ein effektives Instrument sein können, aber es ist auch nichts Besonderes daran. Der Vorteil von visuellen Vorstellungen ist, dass sie es uns erleichtern, Informationen zu verknüpfen, die anderenfalls schwer mit etwas zu assoziieren sind. Die Anwendung von verbalen Verbindungen (siehe *Geschichten-Methode* weiter unten) ist ebenso effektiv.

Das entscheidende Element ist, dass Worte oder Bilder einen Kontext schaffen, der die Information verknüpft. Aus diesem Grund ist die Vorstellung nur wirkungsvoll, wenn Sie ein *interaktives* Bild ist – eines das ein Informationsstückchen mit einem anderen verbindet. Eine visuelle Vorstellung allein, ohne gegliederte Struktur wie z.B. die Orts- oder Aufhänger-Methode, ist von begrenztem Wert.

In der Regel wird betont, dass man sich an bizarre oder ausgefallene Bilder wesentlich besser erinnert; dafür gibt es jedoch keinen Beweis. In vielen Studien schneiden sogar die Erinnerungen an ganz normale Vorstellungen etwas besser ab. Eine Schwierigkeit besteht darin, dass die meisten Menschen sich schwer tun, sich bizarre Konzepte bildlich vorzustellen.

Wenn Sie nicht eine natürliche Begabung für das Ersinnen von bizarren Bildern haben, lohnt es sich wahrscheinlich nicht, sich damit zu befassen.

Bildliche Vorstellung: wichtige Punkte

● bildliche Vorstellungen sind in dem Maße effektiv, in dem sie Informationen verbinden
● bildliche Vorstellungen sind nicht von Natur aus geeigneter als Worte
● bizarre Vorstellungen müssen nicht zwangsläufig besser erinnerbar sein als gewöhnliche Bilder
● Vorstellung ist vor allem wirkungsvoll, wenn sie mit einer gut gegliederten Struktur zusammen verwendet wird.

Übung 10.1

Hier folgen einige Punkte aus einem Fragebogen zur visuellen Vor-
stellungskraft, die Ihnen helfen werden, Ihre Fähigkeit zum Visualisieren einzuschätzen. (Die Punkte stammen aus Marks' *Vividness
of Visual Imagery Questionnaire*).

Die Übung umfasst insgesamt acht Bilder. Bewerten Sie jedes Bild
auf einer Skala von eins bis fünf, je nachdem, wie deutlich Sie es
sich vorstellen können:

absolut deutlich und so lebendig wie ein normales Bild	5
deutlich und ziemlich lebendig	4
einigermaßen deutlich und lebendig	3
vage und undeutlich	2
kein Bild, Sie „wissen" nur, dass Sie an das Thema denken	1

Denken Sie an einen Verwandten oder Freund, den sie häufig sehen
(der aber im Moment nicht bei Ihnen ist) und betrachten Sie sorgfältig das Bild, das sich vor Ihrem geistigen Auge einstellt. Bewerten
Sie jedes der folgenden Bilder nach der Skala.

1. Die exakten Konturen von Gesicht, Kopf, Schultern und Körper.
2. Charakteristische Kopf- und Körperhaltung etc.
3. Der genaue Gang, Schrittlänge beim Gehen etc.
4. Die unterschiedlichen Farben von vertrauten Kleidungsstücken.

Visualisieren Sie einen Sonnenaufgang. Betrachten Sie genau das
Bild, das sich vor Ihrem geistigen Auge einstellt.

5. Die Sonne steigt am Horizont in einen diesigen Himmel auf.
6. Der Himmel klart auf und umgibt die Sonne mit seinem strah-
   lenden Blau.
7. Wolken. Ein Sturm kommt auf, Blitze gehen nieder.
8. Ein Regenbogen erscheint.

Addieren Sie Ihre Bewertungspunkte und teilen Sie die Gesamtzahl durch 8, damit Sie Ihren Durchschnittswert erhalten. Ein Durchschnitt über 3 lässt vermuten, dass Sie ein guter Visualisierer sind, wohingegen ein Durchschnitt unter 2 darauf hindeutet, dass das Bildergestalten nicht Ihr Talent ist.

Verbale Mnemotechniken

Die starke Betonung der visuellen Vorstellung bei den Mnemotechniken spiegelt zum Teil das niedrige Niveau unserer Belesenheit durch den Großteil der Menschheitsgeschichte wieder. Methoden, die mit Worten anstelle von Bildern arbeiten, haben sich als ebenso erfolgreich erwiesen. Die visuelle Vorstellung hat einen großen Vorteil, und der liegt in der Einfachheit, mit der zwei Begriffe verbunden werden können. Die bildhafte Vorstellung hat aber auch einen großen Nachteil, und zwar, dass die meisten Leute Schwierigkeiten haben, sich Begriffe bildlich vorzustellen.

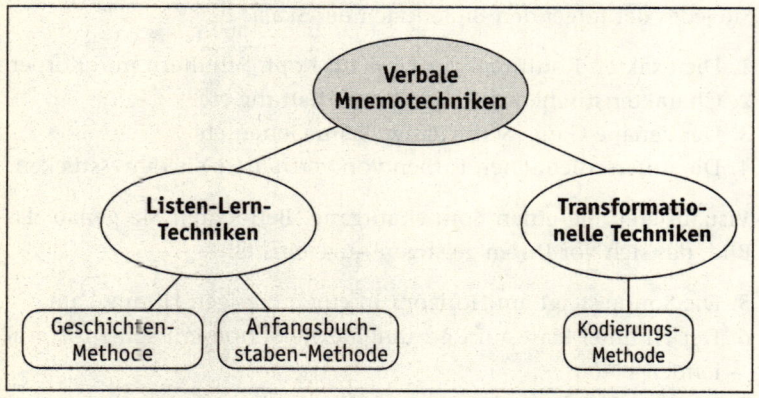

Kodierende Mnemotechniken

Kodierende Mnemotechniken werden verwendet, um Zahlen zu kodieren. Da es die meisten von uns schwieriger finden, uns an Zahlen zu erinnern als an Wörter, ist ein System, das Zahlen in Buchstaben umwandelt, einer der besten Wege, Zahlen zu behalten. Hier ist ein solches Kodierungssystem:

1 = t (es gibt 1 Abstrich im *t)*
2 = n (es gibt 2 Abstriche im *n*)
3 = m (es gibt 3 Abstriche im *m*)
4 = r (*r* ist der letzte Buchstabe von *vier*)
5 = l (*l* ist in römischen Zahlen die 50)
6 = sch (*sechs* hat einen leichten *sch*-Laut)
7 = k (Nummer *7* ist eingebettet im *k)*
8 = f (sowohl *8* als auch *f* haben zwei Schleifen)
9 = p (*9* ist ein umgedrehtes *p)*
0 = s (*Zero* beginnt mit einem *s*-Laut)

Die Codes sind nicht willkürlich. Sie wurden so gewählt, dass sie das Auswendiglernen erleichtern. Wie Sie jedoch bemerkt haben werden, wirken einige der Erklärungen etwas „an den Haaren herbei gezogen".

Wenn Sie gerne ein Kodierungssystem in Ihrem Erinnerungsinstrumentarium hätten, brauchen Sie nicht unbedingt ein vorgegebenes System auswendig zu lernen. Es gibt keine Zahlen-Buchstaben-Entsprechung, die wesentlich besser wäre als eine andere. Wenn Sie jedoch ein Kodierungssystem abändern, indem Sie Entsprechungen einsetzen, die für Sie offensichtlicher sind, müssen Sie aufpassen, dass es nicht zu Verwirrungen kommt. Beispiel: Eine Entsprechung von *f* und *5* scheint offensichtlich, aber hier besteht die große Wahrscheinlichkeit, dass es zu einer Verwechslung von *4* und *5* beim Dekodieren kommt.

Nachdem die Zahlen in Buchstaben umgewandelt wurden, können diese in Wörter oder Reime integriert werden. Z.B.: der Zweite Weltkrieg endete 1945 – *tprl,* was wiederum in *Top Rolle* umgewandelt werden könnte. (Für die Kodierung werden nur Konsonanten verwendet. Vokale werden danach nach Belieben eingefügt.)

Die moderne Erfindung Telefonnummern als Buchstaben zu kodieren (0800 – ANSETT) ist ein nützlicher Abkömmling dieser Technik.

Ein Kodierungssystem ist äußerst hilfreich, um sich an Zahlen zu erinnern, jedoch muss auch gesagt werden, dass es nur für sehr wenige Leute notwendig ist, sich lange Nummernfolgen einzuprägen, was den anfänglichen Aufwand des Code-Lernens rentabel machen würde. Natürlich gibt es Ausnahmen. Vielleicht ist es für Ihren Beruf wichtig, dass Sie sich an viele Preise, Mengen oder Maße erinnern können. Für die meisten von uns sind schriftliche oder elektronische Unterlagen allerdings vorzuziehen, da sie weniger aufwendig und verlässlicher sind. Das Auftauchen der „intelligenten" Telefone hat die Notwendigkeit sich an Telefonnummern zu erinnern zusätzlich sehr stark verringert.

Natürlich haben solche Unterlagen auch ihre Nachteile. Sie sind nicht immer zur Hand, wenn Sie sie benötigen, sie können verloren oder kaputt gehen. Wie ausschlaggebend diese Gefahren im Einzelfall sind, muss jeder für sich selbst entscheiden.

Das Kodierungssystem hat noch einen weiteren Nutzen – nämlich Aufhänger für die Aufhänger-Methode zu liefern. Wenn man Zahlen als einfach zu erinnernde Wörter enkodieren kann, kann die Zahl der Aufhänger von 10 bis in die Unendlichkeit erweitert werden. Z.B. könnte der Aufhänger für die 22 *nun* sein. Listen solcher Aufhänger werden in den verschiedensten Gedächtnis-Trainings-Büchern angeboten. Es versteht sich von selbst, dass die Beherrschung eines solchen Systems sehr viel Zeit und Mühe erfordert, ebenso wie ein Talent für das Erschaffen von Bildern. Wenn Sie sich jedoch für die Aufhänger-Methode entscheiden, sollten Sie deren Nützlichkeit noch steigern, indem Sie ein Kodierungssystem erlernen.

Solche Systeme werden meist vorgeschlagen, um sich an Informationen wie Verabredungen, Geburts- und Jahrestage zu erinnern. Es gibt aber keinen Beweis dafür, dass Mnemotechniken besonders effektiv für Aufgaben im Bereich des Planungsgedächtnises sind. Die meisten Menschen finden externe Methoden – Notizbücher, Kalender, Uhrensignale – verlässlicher und einfacher zu handhaben. Natürlich ist es amüsant zu beobachten, wie viele eifrige Notizbuchschreiber (vor allem Männer) es gibt, die Geburtstage und Jahrestage trotzdem vergessen. Ich vermute jedoch, dass jeder, der wirklich motiviert genug ist, sich eine Mnemotechnik anzueignen, auch motiviert genug sein wird, sich ohne Hilfsmittel an einen solchen Anlass zu erinnern.

Das erweiterte Aufhänger-System ist also hauptsächlich für solche Menschen von Wert, die es regelmäßig gebrauchen, um wichtige Anker für spezielle Fakten zu kodieren, oder die einen ungewöhnlichen Bedarf am Memorieren von Nummern haben.

Kodierende Mnemotechniken: Leifaden für den Einsatz

- sie sind ein sehr effektives Mittel, um sich an Zahlen zu erinnern
- sie sind ausschlaggebend, um aus der Aufhänger-Methode ein nützliches Instrument zu machen

---

Anfangsbuchstaben-Mnemotechniken

Die Anfangsbuchstaben-Mnemotechnik ist wohl die am häufigsten verwendete Mnemotechnik. Dies zeigt, dass bestimmte Mnemotechniken sehr beliebt sind, während die Strategie als Ganzes eher selten eingesetzt wird.

Es gibt zwei Arten von Anfangsbuchstaben-Mnemotechniken: **Akronyme**, bei denen die Anfangsbuchstaben einer Phrase oder Wortreihe ein einzelnes sinnvolles Wort bilden und **Akrostichons**, bei denen die ersten Buchstaben eines Wortes verwendet werden, um eine neue, sinnvolle Wortreihe zu bilden.

Medizinstudenten stützen sich häufig auf diese Mnemotechniken um sich anatomische Details einzuprägen, wie z.B. die Hirnnerven: „On Old Olympia's Towering Top A Finn And German Vault And Hop" (etwa: „auf dem hohen Berg Olymp hüpfen und springen ein Deutscher und ein Finn'"). Dieser Satz steht für die folgenden Hirnnerven: Olfactorius, Opticus, Oculomotorius, Trochlear, Trigeminus, Abducens, Facialis, Acusticus, Glossopharyngeus, Vagus, Accesory und Hypoglossus. Hieran zeigt sich schon die grundsätzliche Einschränkung dieser Methode – ihr Wert liegt ausschließlich darin, als Erinnerungshilfe für Informationen zu dienen, die bereits intensiv gelernt wurden. Das Lernen dieses Satzes würde den wenigstens von uns helfen, sich an die Hirnnerven zu erinnern, da wir mit diesen nicht besonders vertraut sind. „Ein Alter Dackel Geht Heute Essen" hilft uns jedoch, uns an die Namen der Gitarrensaiten in der richtigen Reihenfolge zu erinnern.

> **Das Erlernen der Anfangsbuchstaben-Mnemotechnik wird Ihnen nicht dabei helfen, die Information, auf die die Mnemotechnik einen Hinweis bietet, zu erlernen.**
>
> **Damit der Mnemo-Ausdruck zu einer effektiven Abrufhilfe wird, muss die dahinter stehende Information zuvor gut gelernt werden.**

Dies führt uns zum Hauptnutzen dieser Methode: Anfangsbuchstaben-Mnemotechniken sind ein sehr effektives Mittel, um sich an die *Reihenfolge* von gut erlernten Einzelheiten zu erinnern. Anfangsbuchstaben-Techniken sind **Schlüsselwort-Methoden** – sie erinnern uns an etwas, was wir bereits wissen. Aus diesem Grund sind sie besonders wirkungsvoll, um Gedächtnisblockaden zu vermeiden – z.B. für Studenten, die in Prüfungssituationen an Blackout leiden.

Sie können jedoch auch zu Fehlern führen, wenn mehr als ein Bestandteil mit demselben Buchstaben beginnt. Das Akrostichon für Hirnnerven z.B. beeinhaltet drei Os, zwei Ts und zwei As.

Wie bei der Bildung von visuellen Vorstellungen fällt es manchen Leuten leichter Akrostichons zu kreieren als anderen (ein Versuchsstudent benötigte z.B. 20 Minuten für einen sechsstelligen Ausdruck!).

Anfangsbuchstaben-Mnemotechniken: Leitfaden für den Einsatz

- sie sind eine Abrufhilfenstrategie, keine Lernstrategie
- sie sind hilfreich, wenn es wichtig ist, sich an eine bestimmte Reihenfolge zu erinnern
- oder wenn man eine Gedächtnisblockade vermeiden möchte

Die Geschichten-Methode

Die Geschichten-Methode ist eine andere Listen-Lern-Strategie. Sie ist das verbale Äquivalent der Ketten-Methode. Einzelheiten werden miteinander verknüpft, indem man sie in einer Geschichte verbindet. Hier z.B. eine Geschichte, die ein Student erfunden hat, um sich an die in Großbuchstaben gesetzen Wörter zu erinnern: *Ein GEMÜSE kann für einen COLLEGE-Studenten ein nützliches WERKZEUG sein. Eine KAROTTE kann ein NAGEL für deinen ZAUN oder dein BECKEN sein. Aber ein KAUFMANN der KÖNIGIN würde den Zaun ERKLIMMEN und die Karotte an eine ZIEGE verfüttern.*

Die Geschichten-Methode ist ebenso effektiv wie die Vorstellungsmethode beim Listenlernen. Welche der beiden Methoden für Sie in Frage kommt, hängt davon ab, welcher Informationsträger (Worte oder Bilder) ihnen mehr liegt.

Die wichtigsten Punkte zu verbalen Mnemotechniken

- Kodierende Mnemotechniken sind die effektivsten Strategien, um sich an Zahlen zu erinnern.
- Kodierende Mnemotechniken können verwendet werden, um den Nutzen der Aufhänger-Methode gewaltig zu steigern.
- Anfangsbuchstaben-Mnemotechniken sind äußerst hilfreich, um sich die *Reihenfolge* von gut gelernten Informationen einzuprägen.
- Anfangsbuchstaben-Mnemotechniken können nützlich sein, um Gedächtnisblockaden zu überwinden.
- Die Geschichten-Methode ist ein effektives Mittel für das Listen-Lernen.

Mnemotechniken: Wofür sind sie gut?

Das pure Auswendiglernen von Fakten war ein traditioneller Bestandteil unserer Schulausbildung. In der letzten Zeit erntete dies zu Recht Missbilligung und stattdessen wird nun mehr Gewicht auf das *Verstehen* von Informationen gelegt. Wie dies bei Revolutionen so üblich ist, war die Reaktion vielleicht etwas übertrieben. Es ist nun einmal nicht so, dass alle Informationen Bedeutung haben. Es ist auch nicht korrekt, dass nur Informationen, die Sinn ergeben, es wert sind gelernt zu werden. Mir das Geburtstagsdatum meines Vaters einzuprägen ist mir wichtig, obwohl das Datum als solches keine Bedeutung trägt. Es gibt auch keine sinnvolle Verbindung zwischen dem Namen und dem Gesicht einer Person, und die Farbkodierung von Elektrodrähten ist nicht etwas, das verstanden werden kann.

Mit Sicherheit sollte eine bedeutungsvolle Information auch auf eine sinnvolle Art und Weise gelernt werden, aber Information, die nicht bedeutungsvoll oder integriert ist, muss auf eine andere Art und Weise im Gedächtnis gespeichert werden. Die Lernprinzipien gelten jedoch für alle Informationen. Bedeutung und Gliederung helfen immer beim Erinnerungsprozess; effektive Abrufhilfen sind immer ausschlaggebend. Um Ihre Erinnerung an unzusammenhängende Informationen zu verbessern, müssen Sie deshalb einen Weg finden, um Bedeutung, Gliederung und wirkungsvolle Abrufhilfen hinzuzufügen. Mnemotechniken sind die effektivste Möglichkeit dies zu tun.

Mnemotechniken

- bieten eine Struktur, auf der man Informationen verankern kann
- verbinden ansonsten unzusammenhängende Informationen

Der Aufwand für die meisten Mnemotechniken ist jedoch hoch – für manche Leute höher als für andere. Für die meisten Erinnerungsaufgaben gibt es weniger aufwendige Methoden, die, auch wenn sie vielleicht weniger effektiv sind, dennoch wirkungsvoll genug sind, um von vielen Menschen vorgezogen zu werden. Die wichtigsten Alternativen zu Mnemotechniken sind schriftliche oder elektronische Aufzeichnungen sowie das Auswendiglernen.

> **Für viele Aufgaben und für die meisten Menschen bedeutet eine schriftliche Liste weit weniger Mühe, eine größere Wahrscheinlichkeit benutzt zu werden sowie eine höhere Verlässlichkeit.**

Manche Leute meinen, sie könnten Listen nicht nutzbringend handhaben, da sie immer vergessen, sie mitzunehmen. Studien haben jedoch gezeigt, was viele von uns bereits aus Erfahrung wissen: Selbst wenn Sie vergessen, Ihre Liste mitzunehmen, ist es sehr viel wahrscheinlicher, dass Sie sich an Dinge erinnern, die Sie schriftlich notiert haben. Das Aufschreiben an sich (und vielleicht die Gelegenheit Ihre Liste zu visualisieren) reicht aus, um Ihrem Gedächtnis auf die Sprünge zu helfen.

Der Hauptvorteil einer Mnemotechnik gegenüber der weniger aufwendigen Alternative des Listenschreibens ist, dass sie nützlich sein kann, um sich an Dinge zu erinnern, wenn Sie keine Gelegenheit haben, etwas aufzuschreiben (z.B. während des Autofahrens). Aus diesem Grund ist von Befürwortern der Mnemotechniken manchmal zu hören, dass diese helfen können, sich an Ideen zu erinnern. Mehr als die meisten anderen Arten von Information sind Ideen etwas, das uns oft durch den Kopf schießt, wenn die Situation es nicht erlaubt, sie niederzuschreiben oder dies zumindest äußerst schwierig macht – im Bett, beim Spazierengehen, im Auto, im Gespräch mit jemandem.

Weitere Einsatzbereiche von Listen-Mnemotechniken sind Reden oder Präsentationen. Eine Mnemotechnik hat drei große Vorteile gegenüber schriftlichen Notizen: Schriftliche Notizen können Sie verlieren oder vergessen; das Ablesen stört Ihren Augenkontakt zum Publikum und kann Ihren Redefluss stören.

Ebenfalls empfohlen werden Mnemotechniken als Erinnerungshilfe für Rollen in Theaterstücken. Diese müssen nämlich Wort für Wort im Gedächtnis bleiben und es gibt keinen wirklichen Ersatz für das Auswendiglernen. Manche Leute finden jedoch Listen-Lern-Mnemotechniken als Ergänzung zum Auswendiglernen nützlich, da sie sie mit Abrufhilfen versehen, die signalisieren, was als nächstes kommt. Mnemotechniken sind also ausgezeichnet geeignet, um die Reihenfolge einer gut gelernten Information anzuzeigen.

Wenn Sie sich nochmals die Liste der 13 Gedächtnisaufgaben aus Kapitel 1 ansehen, werden Sie feststellen, dass Mnemotechniken bei der Hälfte der Aufgaben erfolgreich eingesetzt werden können. Als allgemeine Regel gilt jedoch, dass sie nicht sonderlich gut geeignet sind für Informationen im Planungsgedächtnis- oder dem Ereignis-Gedächtnis-Bereich. Im Falle der ersten Aufgabe (sich an Gelerntes zu erinnern), sind Mnemotechniken am hilfreichsten als Ergänzung zu anderen Strategien.

Gedächtnisaufgabe	Mnemotechnik
sich an Wissen erinnern, das man gelernt hat	Schlüsselwort/Stichwort-Methode; Listen-Lern-Techniken
sich an einen Namen/Gesicht erinnern	Gesicht-Name-Assoziation
sich an wichtige Daten erinnern	kodierende Mnemotechnik
sich an Details über eine andere Person erinnern	–
sich daran erinnern, etwas zu erledigen	–
sich daran erinnern, wann/wo etwas geschehen ist	–
sich daran erinnern, ob man etwas getan hat	–
sich daran erinnern, wo man etwas hingelegt hat	–
sich an Namen und Begriffe erinnern	Schlüsselwort-Methode
sich daran erinnern, wie man etwas macht	Listen-Lern-Techniken

Übung 10.3

Lesen Sie die folgenden Beschreibungen von Situationen, in denen das Gedächtnis gefragt ist und wählen Sie eine geeignete Mnemotechnik aus:

1. Sie sind ein Handelsvertreter und möchten Ihre Kunden beeindrucken, indem Sie sich an Einzelheiten aus früheren Bestellungen erinnern, ohne auf einem Blatt nachzusehen. Welche Gedächtnis-Strategie würden Sie einsetzen?
2. Sie rufen die Auskunft von einer öffentlichen Telefonzelle aus an. Die gewünschte Nummer ist belegt und Sie werden die Zahlen einige Minuten, wenn nicht länger, im Gedächtnis behalten müssen. Sie haben nichts zu schreiben dabei.
3. Sie besuchen zu einer Veranstaltung den Arbeitsplatz Ihrer Partnerin. Sie bitten Ihre Partnerin Sie an die Namen und Positionen der verschiedenen Personen zu erinnern, mit denen sie zusammenarbeitet. Diese möchten Sie sich einprägen.
4. Sie sind Kellner und möchten im Gedächtnis behalten, was die Leute an den verschiedenen Tischen bestellt haben, ohne ständig auf Ihren Block sehen zu müssen.

5. Ihr Chef ruft Sie an und gibt Ihnen eine Menge Anweisungen. Sie müssen sich an alles erinnern.

Auf einen Blick

Mnemotechniken sind

➡ sehr effektiv um sich an „kurzlebige" Informationen zu erinnern,

➡ ausgezeichnete Abrufhilfen für gut gelernte Informationen (um Gedächtnisblockaden zu überwinden bzw. um sich an die Reihenfolgen der Informationen zu erinnern),

➡ hilfreich um Anker zu kodieren,

➡ sehr nützlich wenn es unmöglich, ungünstig oder unangebracht ist, schriftliche Notizen zu machen.

Schriftliche Aufzeichnungen sind angebracht, wenn:

➡ Sie sich für lange Zeit an eine Information erinnern müssen,

➡ Verlässlichkeit und Genauigkeit wichtig sind,

➡ eine Belastung des Gedächtnisses vermieden werden soll,

➡ Informationen zu schnell auf Sie zukommen,

➡ die Information zu komplex ist.

Die wichtigsten Punkte

Mnemotechniken sind ein effektives Mittel, um sich an Fakten zu erinnern, aber nicht um Verständnis aufzubauen.

Die *Schlüsselwort-Methode* ist eine sinnvolle Strategie, um die *Bedeutung* von Wörtern zu lernen, aber nicht, um sich an das Wort selbst zu erinnern.

Die *Gesicht-Name-Assoziation* ist effektiv, um sich an die Namen von Leuten zu erinnern, sofern Sie darin geübt sind, charakteristische Gesichtsmerkmale auszuwählen und visuelle Vorstellungen zu kreieren.

Die *Orts-, Aufhänger-* und *Ketten-Methode* verwenden alle visuelle Vorstellungen, um die einzelnen Bestandteile einer Liste leichter erinnerbar zu machen.

Listen-Lern-Mnemotechniken sind ein wirkungsvolles Mittel, um Ihnen eine Struktur bereitzustellen, mit deren Hilfe Sie Erinnerungen abrufen können.

Worte können genauso effektiv sein wie visuelle Vorstellungen, der entscheidende Punkt ist, dass sie einzelne Fakten oder Begriffe verbinden.

In der Regel sind Mnemotechniken hilfreich, um sich an Aufzählungen von Fakten zu erinnern, um Dinge paarweise zusammenzufügen und um sich an die Reihenfolge von Material zu erinnern.

11 Allgemeine Unterstützungsstrategien

Mnemotechniken und traditionelle Lerntechniken sind Gedächtnis-strategien, mit denen versucht wird, das Gedächtnis dadurch zu verbessern, dass die zu erinnernde Information manipuliert wird. Solche Gedächtnisstrategien sind stark auf die jeweilige Aufgabe zugeschnitten und je geübter Sie bei der Anwendung einer bestimmten Technik werden, um so eingeschränkter wird deren Anwendungsbereich. Andere Gedächtnisstrategien dagegen beeinflussen Ihre Aufmerksamkeit über Ihre körperliche Verfassung, Ihr emotionales Befinden, Ihre Einstellung, die örtliche Umgebung oder das soziale Umfeld. Diese sind weniger aufgabenspezifisch und müssen meist schon einige Zeit vor dem Zeitpunkt, an dem Sie tatsächlich benötigt werden, in die Tat umgesetzt werden.

Strategien zur Informationsmanipulation

Techniken, die es uns erlauben, die aufzunehmende Information zu manipulieren, sind aufgabenspezifisch; Methoden wie Mnemotechniken sind in der Tat wie im letzten Kapitel beschrieben *sehr* spezifisch.

Und es ist nicht nur so, dass die meisten Erinnerungsstrategien aufgabenspezifisch sind, sie werden auch immer noch spezifischer, je geübter und erfahrener Sie in deren Anwendung werden. Dies ist sozusagen ein Teufelskreis: je *weniger* spezifisch eine Methode ist, desto *mehr* Aufmerksamkeit erfordert sie.

Aufgrund dieser Eigenart von Informationsmanipulations-Techniken kamen einige Wissenschaftler zu dem Schluss, dass Sie Ihr Gedächtnis nicht zufriedenstellend verbessern können, wenn Sie sich nur auf diese Fertigkeiten stützen. Allgemeinere Techniken sind zusätzlich notwendig.

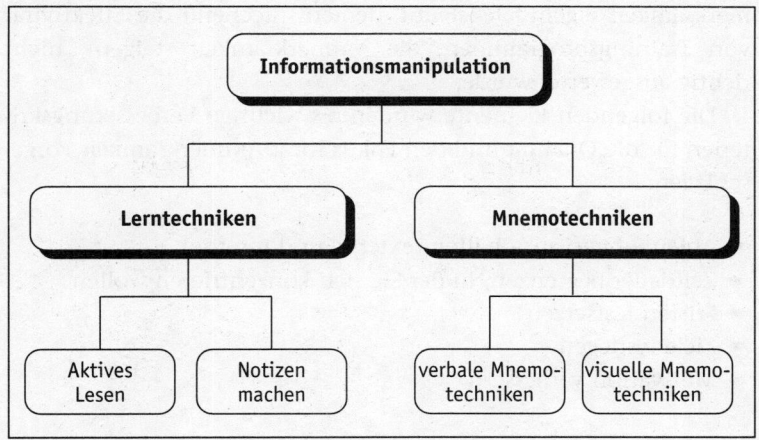

Allgemeine Unterstützungsstrategien

Wir haben viel Zeit darauf verwendet, uns mit dem Verständnis und der Auswahl von Information zu beschäftigen. Nun ist es an der Zeit, uns das dritte Standbein unseres Dreifußes zu betrachten: Aufmerksamkeit.

Anstatt Information zu verändern, um diese leichter erinnerbar zu machen, manipulieren allgemeine Unterstützungstechniken Ihre Fähigkeit Informationen zu verarbeiten. Dies erreichen sie in erster Linie, in dem sie Ihre Aufmerksamkeit beeinflussen.

Es gibt zwei Ansatzpunkte um Ihre Aufmerksamkeit zu steigern: Der erste ist, die *Qualität* Ihrer Aufmerksamkeit zu verbessern. Der zweite ist, die *Richtung* Ihrer Aufmerksamkeit zu verbessern.

Aufmerksamkeit

Obwohl jeder zustimmt, dass „aufmerksam sein" entscheidend für gutes Lernen und Erinnern ist, gibt es dafür sehr wenig Beweise. Dies rührt zum Teil daher, dass niemand wirklich versteht, was Aufmerksamkeit eigentlich ist und dementsprechend die Effektivität von Trainingsprogrammen, die Aufmerksamkeit steigern, nicht richtig ausgewertet wurde.

Die folgenden Elemente wurden als wichtige Verbesserungskriterien für die Qualität und den Fokus Ihrer Aufmerksamkeit vorgeschlagen:

➠ Ablenkungen ausschalten (externe und interne)
➠ Zeitdauer begrenzen, in der Sie sich konzentrieren wollen
➠ Fristen festsetzen
➠ Ziele festlegen
➠ Motivation verbessern

Angesichts der Tatsache, dass wir in der Menge der Information, die wir zu einer bestimmten Zeit gleichzeitig verarbeiten können, begrenzt sind, möchte ich dieser Aufzählung noch hinzufügen:

➠ die Informationsmenge einschränken, die Sie auf einmal bewältigen wollen.

Lassen Sie uns zuerst einen Blick auf die Strategien werfen, die entwickelt wurden, um Ihre Aufmerksamkeit entsprechend zu lenken. Beachten Sie, dass egal wie gut Sie sich auch konzentrieren mögen, dies wenig nützt, wenn Sie sich auf die falschen Informationen konzentrieren!

Planungsfertigkeiten

Ziele setzen

Zielsetzung ist grundlegend für eine effektive Kodierung:

➠ um sich für die richtige Strategie zu entscheiden
➠ um Ihre Aufmerksamkeit richtig zu lenken
➠ um Ihre Zeit effektiv zu managen

Für das wohl überlegte Setzen von Zielen gibt es zwei Gesichtspunkte. Der erste bezieht sich darauf, wie gut Sie Ihr Ziel formulieren und der zweite auf die Art Ihres Zieles. Ich habe bereits das Grundprinzip der effektiven Zielformulierung definiert (im Zusammenhang mit der effektiven Abrufsuche):

Formulieren Sie Ihr Ziel so konkret wie möglich.

Es ist nicht nur einfacher zu bewerten, ob Sie Ihr Ziel korrekt definiert haben, wenn Sie es ganz genau formuliert haben, es ist auch einfacher zu beurteilen, ob das Ziel realistisch ist. So ist der Vorsatz, sich alle Gesichter und Namen der Mitarbeiter an Ihrem neuen Arbeitsplatz innerhalb einer Woche einzuprägen viel sinnvoller, als sich das Ziel zu setzen, „sich die Namen zu Gesichtern besser zu merken".

Bei der Spezifizierung Ihres Zieles hilft es auch, wenn Sie ebenfalls festlegen, was Sie *nicht* wissen müssen. Dies hilft die Suche einzuschränken und erlaubt es Ihnen, sich auf das zu konzentrieren, was Sie wissen müssen.

Ein Teil Ihrer Zielspezifizierung betrifft den Perfektionsgrad, bis zu welchem Sie etwas beherrschen möchten. Vielleicht wollen Sie ja nur genug lernen, um einen Test zu bestehen. Der Grad der Beherrschung hängt ebenso davon ab, wie lange Sie sich an die Information erinnern wollen. Wenn der Test am nächsten Tag stattfindet, werden Sie weniger Mühe auf Ihre Vorbereitung verwenden, als wenn der Test erst nächste Woche angesetzt ist. Wollen Sie sich die Namen der Kollegen Ihrer Partnerin nur einprägen, um sich beim Betriebsfest nicht zu blamieren, werden Sie dieses Vorhaben mit einer anderen Technik angehen, als wenn Sie sich diese Namen für unbestimmte Zeit merken möchten.

Ziele lassen sich in **Prozess-Ziele** und **Ergebnis-Ziele** einteilen. Wie der Name schon vermuten lässt, definiert ein Ergebnis-Ziel Ihre Bestrebungen als das Erreichen eines bestimmten Ergebnisses (z.B. Autofahren lernen, ein Kapitel lesen). Prozess-Ziele beziehen sich auf spezifische Einzelschritte auf dem Weg zur Erreichung dieses Ergebnisses (so wäre ein Prozess-Ziel beim Autofahren lernen, dass man lernt, langsam und sanft anzufahren).

In der Regel scheinen Prozess-Ziele effektiver als Ergebnis-Ziele zu sein. Die beste Strategie ist jedoch, sich in den Anfangsphasen des Lernens einer Fertigkeit auf die Prozess-Ziele zu konzentrieren, sobald aber die einzelnen Komponenten beherrscht werden, auf ein Ergebnis-Ziel hinzuarbeiten.

In einer Studie über das Dartspielen wurde beispielsweise festgestellt, dass Anfänger, die die Anweisung erhielten, sich auf die letzten beiden (konkreten) Schritte bei jedem Wurf zu konzentrieren, besser abschnittten, als die, denen aufgetragen wurde, eine möglichst hohe Punktzahl zu erreichen. Die erfolgreichsten Anfänger waren jedoch diejenigen, die sich zuerst auf die Prozess-Ziele konzentrieren sollten und erst nachdem sie diese beherrschten versuchen sollten, eine hohe Punktzahl zu erzielen. Nicht nur, dass diese flexible Strategie in einer besseren Meisterung der Fertigkeit resultierte, sie steigerte auch das Interesse und die Zufriedenheit der Testpersonen.

Auf ähnliche Weise gehen auch Schriftsteller und Akademiker vor (die lange Fristen haben und dazwischen wenig Feedback erhalten): Sie arbeiten häufig mit Zwischenzielen, wie z.B. Listenführung über Ihre tägliche Arbeitsleistung, die ihnen helfen, auf ein fernes Ergebnis-Ziel hinzuarbeiten, wie etwa die Fertigstellung eines Buches.

Die größere Effektivität von Prozess-Zielen lässt sich zum Teil einfach auf ihre größere Genauigkeit zurückführen. Diese Spezifizierung könnte ebenfalls ausschlaggebend dafür sein, dass Anwender von Prozess-Zielen weniger unter schlechten Leistungen leiden. Sie sehen diese weniger als Beweis ihrer eigenen Unfähigkeit an, als vielmehr (richtigermaßen) einfach als Scheitern an einem Teilschritt.

Durch das Setzen von mehreren Prozess-Zielen erhalten Sie Zwischenziele, die wiederum einen Rahmen bilden können für ein kleines Belohnungssystem, mit dem Sie Ihre eigenen Leistungen honorieren.

Prinzipien der effektiven Zielsetzung:

- Geben Sie sowohl Ihr gewünschtes Ergebnis als auch die Zwischenschritte auf dem Weg dorthin genau an.
- Definieren Sie die Zwischenziele so exakt wie möglich.
- Stellen Sie sicher, dass das Ziel so formuliert ist, dass Sie auch wissen, wann Sie es erreicht haben.

Übung 11.1

Was ist Ihr Ziel beim Lesen dieses Buches? Können Sie die Unterziele spezifizieren, die Sie während der Lektüre entwickelt haben (z.B. die Gesicht-Name-Assoziation beherrschen) und die genauen Schritte, die Sie benötigen, um diese durchzuführen (z.B. sich bestimmte Unterscheidungsmerkmale für eine bestimmte Reihe von Leuten ausdenken)? Sind diese Prozess-Ziele spezifisch genug, um zu erkennen, wann Sie sie erreicht haben?

Zeitmanagement

Ein charakteristisches Merkmal für weniger erfolgreiche Lernende ist, dass sie dazu neigen, ihre Zeit falsch einzuteilen. Anstatt ihre Zeit auf der Grundlage des Schwierigkeitsgrades der zu lernenden Informationen einzuteilen, verwenden sie häufig *mehr* Zeit für Material, das leichter verständlich ist, und *weniger* für Material, das schwierig ist. Erfolgreich Lernende hingegen können den Schwierigkeitsgrad des Materials wesentlich besser einschätzen und teilen dementsprechend ihre Anstrengungen ein.

Erfolgreich Lernende verwenden in der Regel konkrete Strategien, um ihre Lernzeit einzuteilen, wie z.B.:

- eine bestimmte, regelmäßige Studienzeit einplanen
- genaue Ergebnis-Ziele festsetzen
- Hilfsmittel wie Uhren, Wecker und Terminkalender verwenden

Wieviel Sie erreichen möchten ist ein wesentlicher Faktor beim Festlegen Ihrer Lernzeit: Jemand, der auf ein 90%iges Testergebnis abzielt, verbringt in der Regel viel mehr Zeit mit Lernen, als jemand, der sich nur „bemühen" will. Obwohl es sehr wichtig ist, dass Sie Ihre Zeit *managen*, sollte Zeit an sich nicht zu einem Ziel werden – wie wenn Sie z.B. sagen würden, dass Sie jetzt vier Stunden lernen müssen. Um Ihre Zeit sinnvoll zu nutzen, muss diese in Verbindung mit dem Prozess- und Ergebnis-Ziel betrachtet werden.

Um Ihre Zeitmanagement-Fertigkeiten zu entwickeln, müssen Sie sich zuerst bewusst werden, wie Sie Ihre Zeit nutzen. Eine Woche lang in 30-minütigen Intervallen über Ihre Aktivitäten Buch zu führen, öffnet meist die Augen! So können Sie eine realistische Beurteilungsgabe dafür entwickeln, was Sie in einer bestimmten Zeitperiode erreichen können.

Entwickeln Sie ein besseres Gefühl dafür, wie lange Sie zum Kodieren brauchen:

Bevor Sie mit einer Lernaufgabe beginnen, notieren Sie bitte Folgendes:

- Wie lange schätzen Sie, benötigen Sie voraussichtlich für die Aufgabe?
- Welche Schritte müssen bis zur Zielerreichung erfolgen?

Am Ende der Aufgabe beantworten Sie die folgenden Fragen:

- Hatten Sie genug Zeit? Zu viel Zeit?

- War die Aufgabe komplexer als vermutet?
- Wie würden Sie in Zukunft an diese Aufgabe herangehen?

Wenn Sie dies mehrmals gemacht haben, werden Sie beginnen, ein besseres Gespür dafür zu bekommen, welche Ziele in welcher Zeit realistisch zu erreichen sind.

Voraussetzungen für effektives Zeitmanagement:

- Setzen Sie konkrete und realistische Ziele
- Legen Sie realistische Zeitzuteilungen fest
- Glauben Sie an den Wert von Zeitmanagement-Techniken
- Vertrauen Sie in Ihre Fähigkeit, Ereignisse kontrollieren zu können – es kommt auf Sie an!

Lernkontrolle

Ein entscheidender Faktor für das bessere Zeitmanagement von effektiven Lernern sind Ihre **Kontroll-Fertigkeiten**. Wenn Sie nicht realisieren, dass Sie etwas nicht richtig gelernt haben (und dies kommt leider häufig vor), dann ist es unwahrscheinlich, dass Sie noch mehr Zeit darauf verwenden.

In den meisten Fällen hören die Leute mit dem Lernen auf, bevor sie den gewünschten Grad an Materialbeherrschung erreicht haben. Dafür gibt es eine ganze Anzahl von Gründen. Viele Lernende:

➡ schätzen die Zeitdauer, die benötigt wird um neue Informationen richtig aufzunehmen, falsch ein
➡ versäumen es, ihre Erinnerung zu überprüfen
➡ realisieren nicht, dass sie Teile des Materials nicht verstanden haben
➡ nehmen sich zu wenig Zeit
➡ haben zu wenig Motivation

Die Tatsache, dass viele Menschen nicht wissen, wie lange es dauert, eine bestimmte Information richtig zu kodieren, liegt zum Teil darin begründet, dass sie den Schwierigkeitsgrad einer Information nicht richtig einschätzen können. Wie jede andere Fertigkeit ist auch die Bewertung der Schwierigkeitsstufe eine Fertigkeit, die Übung verlangt. Wir können in der Regel leichter einschätzen, wie gut wir etwas gelernt haben, wenn es sich um konkrete Details handelt als um umfangreiche Ideen.

Ein wichtiger Bestandteil der Kontrolle Ihrer Lernfortschritte ist die Überprüfung Ihres Gedächtnisses. Zwar sind die meisten Menschen recht beharrlich in ihrer Meinung über den Inhalt ihres Gedächtnisspeichers („Ich kann mich jetzt nicht genau daran erinnern, aber ich weiß, dass ich es weiß"), jedoch entspricht dies nicht immer den Tatsachen, vor allem, wenn die Information komplex ist. So ist leider auch Ihre Meinung, dass Sie doch etwas gelernt haben, nicht viel Wert.

Aber selbst wenn Sie sich die Mühe machen, Ihr Gedächtnis auf frisch kodierte Information zu testen, machen Sie dies nicht zwangsläufig richtig. Z.B.: Wenn Sie nur Ihr *Erkennen* der Information testen und nicht Ihre Fähigkeit des *Abrufens*, bekommen Sie eine übertriebene Vorstellung davon, wie viel Sie wissen. Weniger offensichtlich, aber ebenfalls nicht korrekt ist es, Ihre Erinnerung zu schnell nach dem Enkodieren zu überprüfen, da Sie dann Ihren Zugriff auf die Information überschätzen. Um richtig zu testen, ob neue Informationen korrekt in Ihren Datenspeicher aufgenommen wurden, dürfen Sie diese zum Test erst einige Zeit später abrufen.

Sie können entweder Ihre Lernzeit oder Ihre Lernziele überwachen. Die Zeitkontrolle kann jedoch einen hinderlichen Effekt mit sich bringen, indem sie die Aufmerksamkeit von dem weglenkt, was vor allem das Wichtigste ist: nämlich, was Sie erreicht haben und nicht wie lange Sie auf Ihre Bücher gestiert haben. Es ist in der Regel besser, spezifische Ziele durch die richtige Lenkung der Aufmerksamkeit zu überwachen. Jedoch kann die Kontrolle von Zielsetzung und Zeitmanagement nicht unabhängig voneinander betrachtet werden. Effizientes Zeitmanagement beinhaltet das Setzen von realistischen Zielen und umgekehrt. Kontrolle ist am effektivsten, wenn sie Leistung sowohl am Zeitaufwand als auch den Zielen misst.

Ihre Kontroll-Fertigkeiten werden weder von Ihrer allgemeinen Kompetenz, noch von Ihrer Fachkenntnis auf einem Gebiet bestimmt. Statt dessen werden sie mit großer Wahrscheinlichkeit von Ihrer Persönlichkeit beeinflusst: vor allem impulsive Menschen sind häufig schlechte Kontrolleure Ihrer eigenen Lernleistung.

Kontrolle beinhaltet die folgenden Strategien:

- Antworten mit Ausgangsfragen in Einklang bringen
- Leistung mit Zielen vergleichen
- Revision: Material neu konzipieren, Aufgaben nachrechnen und neue, vollständig revidierte Ziele setzen
- Abruf testen

Strategien, die die Qualität der Aufmerksamkeit steigern

Ihre Umgebung beeinflussen

Räumliche Umgebung

Es gibt mehrere Möglichkeiten, wie Sie Ihr Umfeld beeinflussen können, damit es Ihr Erinnerungsvermögen unterstützt:

➡ Stellen Sie Ihre Umgebung für bessere Konzentration um. (Z.B. finden manche Leute, dass ein gewisser Pegel an Hintergrundgeräuschen die Konzentration verstärkt, wohingegen andere absolute Ruhe brauchen. Extreme Temperaturen beeinträchtigen ebenfalls Ihr Merkvermögen, aber innerhalb dieser Grenzen gibt es mit Sicherheit eine Temperaturspanne, die für Sie optimal ist. Wichtig ist, dass Sie a) Ihr Umfeld so strukturieren, dass Sie sich darin wohl fühlen und dass Sie b) diese Lernumgebung ständig nutzen.)

➡ Versuchen Sie die Umgebung, in der Sie das Material kodieren, auf die Umgebung abzustimmen, in der es auch abgerufen werden wird und umgekehrt.

➡ Setzen Sie **Umgebungs-Hilfen** ein, um für den Informationsabruf eine Hilfestellung zu bieten, z.B.:

– Termine in ein Notizbuch oder einen Kalender eintragen
– auf die Rückseite Ihrer Hand schreiben
– Wecker, Ofenuhr, Alarmsignal an Armbanduhr etc. stellen
– Gegenstände an einen deutlich sichtbaren Platz legen
– einen Knoten ins Taschentuch machen

Umgebungs-Hilfen: Leitfaden für den Einsatz

Setzen Sie externe Umgebungs-Hilfen in diesen Situationen ein:

● wenn eine Anzahl von störenden Aktivitäten zwischen dem Kodieren und dem Abrufen auftreten (z.B., wenn man sich daran erinnern muss, nach der Arbeit noch Lebensmittel einzukaufen)

● wenn eine lange Zeitspanne zwischen Enkodierung und Abruf liegt (z.B., wenn man einen Arzttermin zwei Monate im voraus vereinbaren muss)

● wenn man inneren Hilfsmitteln nicht zutraut, ausreichend zuverlässig zu sein (z.B. wenn sehr genaue Details oder eine exakte Zeitvorgabe wichtig sind – etwa, wann man nach dem Kuchen im Ofen sehen muss)

● wenn Sie es vermeiden wollen, Ihr Gedächtnis zu überlasten (wenn Sie Ihre Aufmerksamkeit auf mehr als eine Aktivität richten)

Soziale Interaktion

Häufig ist unser Erinnerungsvermögen in gesellschaftlichen Situationen gefragt. Das Versagen unseres Gedächtnisses blamiert uns am meisten, wenn wir mit unseren Mitmenschen zu tun haben. Dabei geht es nicht nur um das Vergessen von Personennamen und persönlichen Informationen oder das Vergessen eines gesellschaftlichen Anlasses (obwohl diese Vorfälle zu den Erinnerungslücken zählen, über die sich viele am meisten Sorgen machen). Wir sind auch oft gefordert, viele Informationen von anderen Menschen aufzunehmen – in Meetings, Seminaren, von Vorgesetzten oder Kunden sowie in zufälligen Unterhaltungen.

Zu Peinlichkeiten kommt es ebenfalls, wenn wir uns immer wieder an die gleiche Information erinnern (also z. B. eine Anekdote zum wiederholten Mal erzählen).

Sowohl Kodierungs- als auch Abruf-Problemen kann durch verschiedene soziale Fertigkeiten abgeholfen werden, vor allem durch **Konversationsfertigkeiten**.

Kodierung und Abruf können dadurch unterstützt werden, dass Sie:

- das wiederholen, was gerade gesagt wurde
- die Themen der Unterhaltung begrenzen
- die Geschwindigkeit, mit der Information präsentiert wird, verlangsamen
- Fragen stellen, um Zeit zu gewinnen
- Fragen stellen, um Information auszuführen

Selbst-Beeinflussung

Körperliche Verfassung

Im Großen und Ganzen geht es bei der Gedächtnissteigerung durch die Verbesserung der körperlichen Verfassung darum, die Angewohnheiten, die dem Erinnern schaden, zu minimieren. Ihr Geist arbeitet besser, wenn Sie gesund essen (nicht zu viel, nicht zu wenig; gesunde Ernährung) und etwas Sport treiben. Er arbeitet besser, wenn er nicht durch Substanzen wie Alkohol, Tabak, Drogen und Beruhigungsmittel beeinträchtigt wird. Ob Sie allerdings tatsächlich Ihr Gedächtnis verbessern können, indem Sie super-fit werden und gesund leben ist weniger eindeutig erforscht.

Ein wesentlich interessanterer Aspekt der Auswirkungen von körperlicher Verfassung (weil er nicht von der Willenskraft abhängt!) betrifft den Schlaf und Biorhythmus.

Tageszeit beeinflusst das Gedächtnis:

- Das Erinnern ist merklich schlechter in den ersten 20 Minuten nach dem Aufwachen.
- Die Tageszeit hat aber keinen Einfluss auf Ihre Fähigkeit Informationen aus Ihrem Datenspreicher abzurufen.
- In der Regel sollte das Kodieren besser später am Tag erfolgen. Dies mag daran liegen, dass Sie sich zu späteren Tageszeiten insgesamt besser konzentrieren können.

Emotionaler Zustand

Intensive Gefühle, Depressionen oder Stress können das Gedächtnis negativ beeinflussen – wahrscheinlich weil sie die Konzentration erschweren. Während es keinen Beweis dafür gibt, dass regelmäßig ausgeübte Entspannung oder Meditation irgendeine Auswirkung auf die Lernleistung hätte (obwohl das oft behauptet wird), können gezielte Entspannungstechniken (also nicht nur der Aufruf: Entspann' dich!) in Situationen helfen, in denen Sie besonders gestresst oder geängstigt sind.

Einstellung

Wie ich bereits an anderer Stelle erwähnt habe, kann die Stimmung das Gedächtnis auch durch seine Rolle im Kontext beeinflussen. Wenn Ihre Stimmung beim Abrufen dieselbe ist, wie zu dem Zeitpunkt, als Sie die Information kodiert haben, wird dadurch das Erinnern erleichtert.

Wie bereits in Kapitel 1 erwähnt, erbringen Sie eine bessere Leistung, wenn Sie an sich selbst und Ihre Fertigkeiten glauben. Ein Mensch, der glaubt, dass er ein gutes Gedächtnis hat, besitzt bereits einen Vorteil gegenüber jemandem, der glaubt, er hätte ein schlechtes Gedächtnis – egal, wie wahr oder unwahr diese Behauptungen auch sein mögen.

Ihre Einstellung kann auch Ihre *Informationsauswahl* beeinflussen. Wir neigen weniger dazu, uns an Informationen zu erinnern, denen wir nicht zustimmen oder mit denen wir uns unwohl fühlen. Wir tendieren eher dazu, uns an Informationen zu erinnern, die unsere Vorurteile und Vorstellungen unterstützen.

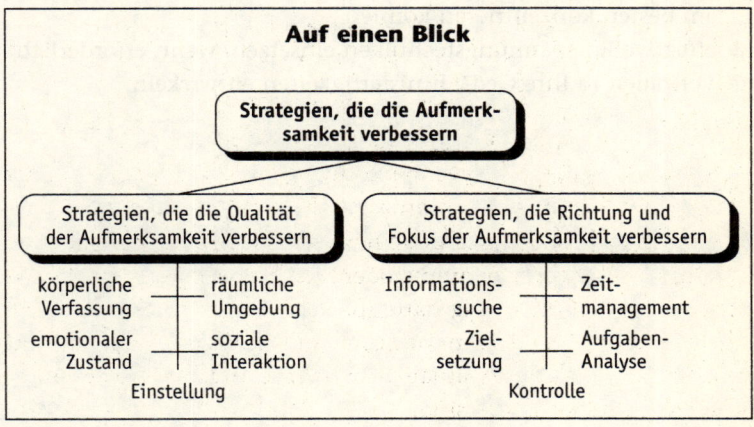

Die wichtigsten Punkte

Um Richtung und Fokus Ihrer Aufmerksamkeit zu verbessern, sollten Sie:

- Ihre Ziele genau definieren
- den Schwierigkeitsgrad unterschiedlicher Kodierungsaufgaben beurteilen können
- genau angeben, wie zugänglich die Information sein soll und für wie lange Sie sich daran erinnern wollen
- Ihre Zeit managen
- Ihren Fortschritt in regelmäßigen Intervallen überprüfen
- Strategien wechseln, wenn erforderlich.

Um die Qualität Ihrer Aufmerksamkeit zu verbessern, sollten Sie:

- Ihre räumliche Umgebung so strukturieren, dass sie die Konzentration fördert
- die Informationsmenge durch Konversationsfertigkeiten beeinflussen
- Kodierungsphasen auf die Tageszeiten legen, zu denen Sie sich am besten konzentrieren können
- effektive Entspannungstechniken einsetzen, wenn erforderlich
- Vertrauen in Ihre Gedächtnisfertigkeiten entwickeln.

12 So werden Sie ein erfolgreicher Strategie-Anwender

Der Schlüssel zu einem besseren Gedächtnis liegt darin, eine Meisterstrategie zu entwickeln, die Sie in die Lage versetzt, die vielen Erinnerungstechniken in Ihrem Repertoire flexibel und angemessen zum Einsatz zu bringen. Die Fähigkeit, die richtige Strategie für eine Aufgabe zu wählen, verlangt von Ihnen nicht nur, dass Sie in strategischen Entscheidungen geübt sind, sondern auch, dass Sie die spezifischen Fertigkeiten in Ihrem Repertoire automatisch und gewohnheitsmäßig beherrschen.

Ihre Meisterstrategie

Die Hauptschwierigkeit bei der Verbesserung Ihres Gedächtnisses ist nicht das Erlernen konkreter Gedächtnisstrategien, sondern zu lernen, welche Technik für welche Aufgabe die beste ist.

Gedächtnistrainer können Ihnen beibringen, wann bestimmte Techniken verwendet werden sollen, Sie müssen jedoch noch weiter gehen. Sie müssen Ihr eigenes reichhaltiges Wissen darüber entwickeln, wann unterschiedliche Strategien *bei Ihnen* funktionieren und wann nicht. Dies können Sie erreichen indem Sie:

1. Techniken miteinander vergleichen,
2. bewerten, welche die effektivsten Techniken in bestimmten Erinnerungssituation sind,
3. sich diese Information für den späteren Gebrauch merken.

Ein guter Strategie-Anwender:

- analysiert die Aufgabe
- bemerkt Ähnlichkeiten und Unterschiede zu anderen Aufgaben
- schätzt ein, welche Strategien am besten geeignet sind

● probiert verschiedene Strategien systematisch aus
● vergleicht den Erfolg jeder Strategie, um herauszufinden, ob sie tatsächlich effektiv ist.

Ihren Gedächtnisaufgaben die richtige Strategie zuordnen

Um eine passende Strategie auszuwählen, müssen wir das Wesen der Erinnerungsaufgabe verstehen. Zum Beispiel ist das Erstellen einer Übersicht eine wirksame Methode, wenn es sich um einen erklärenden Text wie den vorliegenden handelt, sie wäre jedoch nicht hilfreich, wenn Sie sich an ein Volksmärchen erinnern möchten. In den Text eingebettete Fragen zu beantworten scheint beim Lernen eines Volksmärchens zu funktionieren, aber (seltsamerweise) nicht bei einem erklärenden Text.

Oft erfordert eine Situation auch mehr als eine Gedächtnisstrategie. Beim Kodieren von Text können Sie beispielsweise Zusammenfassung und Elaboration verwenden, ebenso wie Mnemotechniken für konkrete Einzelheiten wie zum Beispiel Namen.

Der Schwerpunkt dieses Buches liegt auf dem Kodieren – mit Recht, da Sie nur durch effektives Kodieren ernsthafte Gedächtnisverbesserungen erzielen können. Wir dürfen jedoch nie vergessen, dass Kodieren und Abrufen Spiegelbilder voneinander sind.

> **Wenn Sie Information abrufen, muss Ihre Strategie mit der Strategie, die beim Kodieren der Information verwendet wurde, zusammenpassen.**

Sollten Sie also Ihr Material in Reimform gelernt haben, wird als Abrufhilfe mit großer Wahrscheinlichkeit auch ein Reim am effektivsten sein.

Wenn Sie versuchen, sich an ein autobiografisches Ereignis zu erinnern, sollten Sie nach Erinnerungshilfen suchen, die in der Regel solche Ereignisse kennzeichnen – Hinweise auf Handlung, Ort und anwesende Menschen.

In der folgenden Tabelle finden Sie geeignete Strategien (einige konkrete und einige umfassende Prinzipien) für häufige Gedächtnisaufgaben:

Gedächtnisaufgabe	Geeignete Strategie
Wissen, das Sie gelernt haben	Lernstrategien; Schlüsselwort-Methode; Listen-Lern-Mnemotechniken
Namen/Gesichter	auf kennzeichnende und unveränderbare Merkmale achten; Gesicht-Name-Assoziationen
wichtige Daten	kodierende Mnemotechnik; externe Hilfsmittel
Details über eine andere Person	starke Verbindungen zwischen strukturellen und biografischen Codes und zwischen biografischen Codes und verbundenen Gruppierungen bilden
etwas erledigen	externe Hilfsmittel; Auslöser-Ereignisse kodieren
wann/wo etwas geschehen ist	Unterscheidungsmerkmale kodieren
ob etwas erledigt wurde	Aufmerksamkeit schenken
wo etwas hingelegt wurde	Aufmerksamkeit schenken
Namen/Begriffe	Schlüsselwort-Methode; Wiederholung; Suche nach der Bedeutung von Namen
wie etwas gemacht wird	Übung; Listen-Lern-Strategien; externe Hilfsmittel

Seien Sie ein strategischer Denker

Um ein erfolgreicher Stratege zu werden, wird von Ihnen mehr verlangt als die Kenntnis von guten Strategien und wie man diese einsetzt (obwohl beides sehr wichtig ist). Sie müssen ein **strategischer Denker** werden.

Ein strategischer Denker erkennt in einer Erinnerungssituation sofort, dass diese eine Strategie erfordert. Ein Beispiel: Sie haben gerade im Autoradio gehört, dass die Börse um 14 Punkte gefallen ist, dass der DAX bei 7306,57 Punkten liegt und dass der Euro auf US$0,96 gefallen ist – und Sie wollen sich an diese Details erinnern.

Der unerfahrene Memorist würde wahrscheinlich diese Zahlen ständig wiederholen, aber weil es zu viele Zahlen sind und er auch noch mit anderen Dingen beschäftigt ist (Auto fahren), würde er wohl die meisten, wenn nicht alle Informationen verlieren.

Jemand, der einige wenige Kentnisse über Mnemotechniken besitzt, versucht vielleicht die Zahlen auf sinnvolle Weise zu verbinden, wird aber, wenn er kein außergewöhnliches Geschick dafür hat, trotzdem viel von der Information verlieren, weil diese zu komplex ist, nur wenig Zeit zum Kodieren zur Verfügung steht und er ja noch mit etwas anderem beschäftigt ist.

Strategische Denker hingegen würden sofort die Probleme vor ihnen erkennen und genauso schnell die Strategien identifizieren, die notwendig sind, um mit der Situation fertig zu werden. Danach würden sie entscheiden, ob sie über die benötigten internen Strategien verfügen, und ob sie dem Schwierigkeitsgrad der Situation gewachsen sind. Wenn ja, würden sie sie einsetzen, bevor die erste Zahl fertig ausgesprochen wäre.

Der Punkt ist, dass in vielen Situationen Ihre Zeit zum Kodieren sehr begrenzt ist. Sie können sich nicht den Luxus erlauben, herumzusitzen und nachzugrübeln oder Ihre Notizen zu konsultieren. Sie müssen sofort erkennen:

1. dass Sie sich an etwas genau erinnern wollen
2. an welche Information Sie sich erinnern wollen
3. welches die situationsbedingten Einschränkungen sind
4. ob Sie tatsächlich die erforderlichen Fertigkeiten für die gegebene Aufgabe besitzen
5. welche Strategie geeignet ist.

In der obigen Situation würden strategische Denker schon beim Beginn der Börsennachrichten realisieren, dass es notwendig sein wird, sich einige Zahlen zu merken. Sie erkennen, dass sie sehr wenig Zeit haben, um die Ziffern zu kodieren und dass ihre Aufmerksamkeit geteilt ist. Sie würden wahrscheinlich entscheiden, dass die Aufhänger-Mnemotechnik die geeignetste Strategie für das Kodieren der Zahlen ist und falls sie sich der Beherrschung dieser konkreten Strategie sicher sind, würden sie diese aus Ihrem Repertoire hervorziehen und einsetzen.

Wenn sie jedoch realisieren, dass ihre Fertigkeiten unter den gegebenen Umständen nicht ausreichen, würden sie sich vielleich für eine Alternativstrategie entscheiden – rechts ranfahren und Papier und Stift rauskramen. Entscheidend ist, dass sie all diese Entscheidungen fast unmittelbar treffen, da sie mental vorbereitet und erfahren in der Analyse von Erinnerungssituationen sind.

Seine Grenzen zu kennen ist ein wichtiger Teil des strategischen Denkens:

Sie müssen lernen zu erkennen, wie viel Information Sie in einer bestimmten Situation mitnehmen können. Um dies einschätzen zu können, müssen Sie folgende Punke beachten:

- die Präsentationsgeschwindigkeit
- den Informationsstil
- die Informationsdichte
- wieviel relevantes Vorwissen Sie haben
- Ihre Stimmung und Aufnahmefähigkeit

Der erste Schritt auf dem Weg zum strategischen Denken wäre also, die Beurteilung von Gedächtnissituationen zu üben. Wie alle Gedächtnisstrategien müssen Sie auch diese üben, bis Ihre Anwendung gewohnheitsmäßig und automatisch erfolgt, wenn Sie dauerhafte Gedächtnisverbesserungen erzielen wollen.

Die Gedächtnissituation beurteilen

Um die Gedächtnissituation zu beurteilen:

- analysieren Sie die Gedächtnisaufgabe
- formulieren Sie Ihr Ziel
- notieren Sie die Einschränkungen der Situation

Stellen Sie sich zum Beispiel vor, dass Sie von einer öffentlichen Telefonzelle aus die Auskunft anrufen.

Die Aufgabe ist „Kodieren". Sie betrifft das Erinnern einer elfstelligen Nummer. Die ersten fünf Zahlen sind bedeutungsvoll (sie stehen für die Stadt und sind Ihnen wahrscheinlich bekannt). Die anderen sechs Zahlen haben keine Bedeutung. Die Nummer wird Ihnen durchgesagt, und zwar nur einmal. Ihr Ziel ist es, sich so lange an die Nummer zu erinnern, bis Sie sie gewählt haben. Danach können Sie sie vergessen. Sie sind allein und haben nichts zum Schreiben dabei.

Basierend auf dieser Analyse (die Ihnen wahrscheinlich recht lang und kompliziert erscheint, in der Tat aber nicht mehr beinhaltet als das, was wir viele Male täglich tun, ohne darüber nachzudenken), werden Sie erkennen, dass Sie die Wahl haben zwischen einer mnemotechnischen Kodierungsstrategie und dem bewahrenden Aufsager. Wenn Sie nicht besonders geschickt im Kodieren sind, werden Sie wahrscheinlich die Wiederholungstechnik vorziehen.

Wenn sich jedoch die Situation ändern würde – die Nummer ist belegt und Sie müssen sie sich länger behalten – überlegen Sie sich vielleicht nochmals die Alternative. Wenn Sie eine Mnemotechnik für die Zahl finden können (während Sie diese im Arbeitsgedächtnis halten), entscheiden Sie sich nun eventuell für diese Technik. Vielleicht entscheiden Sie aber auch, dass es das Vernünftigste wäre, sich auf die Suche nach einem Stift zu begeben (während Sie die Nummer durch ständiges Wiederholen in Ihrem Arbeitsgedächtnis halten).

Analysieren Sie die Aufgabe:

- Handelt es sich um Kodierung oder Abruf?
- Welcher Gedächtnisbereich ist betroffen?
- Ist die Information bedeutungsvoll?
- Wie wird die Information präsentiert?

Definieren Sie Ihr Ziel:

- Wofür benötigen Sie die Information?
- Wie lange müssen Sie sich an sie erinnern können?
- Wie viel Detail benötigen Sie?

Machen Sie sich die Einschränkungen der Situation bewusst:

- Sind Sie unter Zeitdruck?
- Sind Sie allein oder befinden Sie sich in Gesellschaft oder einer Gruppe?
- Ist Ihre geistige Verfassung auf Aufmerksamkeit eingestellt?
- Gibt es Einschränkungen durch die Umgebung?

Übung 12.1

Analysieren Sie die folgenden Gedächtnissituationen hinsichtlich der oben aufgelisteten Parameter, dann verwenden Sie diese Information, um sich für eine geeignete Strategie zu entscheiden.

1. Sie gehen mit Ihrer Familie in die Stadt, um die Weihnachtsein-
   käufe zu erledigen, und bemerken, dass Sie Ihre Liste vergessen
   haben.
2. Die Bücherei schreibt Ihnen, dass Sie vergessen haben ein Buch
   zurückzubringen und Sie versuchen sich daran zu erinnern, ob
   Sie es getan haben oder nicht.
3. Sie wollen sicher gehen, dass Sie sich an Ihren Zahnarzttermin
   erinnern.
4. Sie lesen ein Buch über das Gedächtnis und möchten sich an die
   wichtigsten Punkte erinnern.

Sie werden bemerken, dass sich viele Parameter einer Gedächtnissituation nicht wirklich auf Abrufaufgaben beziehen. Für eine Abrufaufgabe sind die Hauptanliegen a) um welche
Information es sich handelt (welcher Gedächtnisbereich ist involviert) und b) welches
die relevanten Aspekte des Abrufkontextes
sind.

Die Situation durchdenken

Wie wir gesehen haben, hört ein strategischer
Denker nicht auf strategisch zu denken,
wenn er sich einmal für seine Strategie ent-
schieden hat. Statt dessen überwacht er seine
Lernfortschritte und erprobt falls notwendig
unterschiedliche Strategien.

Ihren persönlichen Stil berücksichtigen

Ein effektiver Strategieeinsatz ist schwieriger
für sehr impulsive Menschen. Sie tendieren
dazu zu früh mit dem Beweise sammeln auf-
zuhören und lassen oft entscheidende Infor-

mationen außer Acht. Wohldurchdachte Überlegungen sind für einen erfolgreichen Strategen jedoch unbedingt erforderlich. Wenn Sie in der Regel etwas ängstlich sind, behindert dies ebenfalls Ihr strategisches Denken. Strategische Planung beansprucht nämlich eine ganze Menge Raum in Ihrem Arbeitsgedächtnis – ängstliche Menschen verringern die Kapazität ihres Arbeitsgedächtnisses, da sie Platz mit emotionalen Informationen belegen (negativ über sich selbst denken, zum Beispiel).

Dies soll selbstverständlich nicht bedeuten, dass Sie kein strategischer Denker werden können, wenn Sie ein impulsives oder ängstliches Naturell haben. Vielmehr sollte es darauf hinweisen, dass auch Persönlichkeitsmerkmale mit berücksichtigt werden müssen. Wenn Sie dazu neigen, sich in Dinge hineinzustürzen, müssen Sie wahrscheinlich etwas härter dafür arbeiten, sich strategische Gewohnheiten einzuschärfen. Sind Sie ängstlich oder tendieren dazu, in Ihrem geistigen Arbeitsraum negative oder ablenkende Gedanken anzuhäufen, müssen Sie etwas Zeit und Mühe für Strategien aufwenden, die Ihnen bei der Verbesserung Ihrer Aufmerksamkeit helfen.

Zwar beeinflusst der persönliche Stil Ihr Lernen, doch die wichtigsten Faktoren, ob Sie gute Gedächtnisstrategien übernehmen und dabei bleiben oder nicht sind:

● Ihr Wissen darüber, wie das Erinnern funktioniert
● Ihr Glaube an sich selbst und die Strategien

Die wichtigsten Punkte

Ein strategischer Denker:

- kennt eine Vielzahl von Gedächtnisstrategien
- hat diese ausreichend geübt, so dass ihr Einsatz gewohnheitsmäßig und automatisch erfolgen kann
- hat ein umfangreiches Wissen darüber, in welchen Situationen es angemessen ist, diese Strategien anzuwenden
- kann den Einsatz von gut bekannten Gedächtnisstrategien auf neue Erinnerungssituationen ausdehen
- wechselt die Taktik, wenn erforderlich
- weiß, dass Zeit, die für die strategische Planung eingesetzt wird, gut angelegte Zeit ist
- hat einen umfangreichen Wissensspeicher.

13 In die Praxis umsetzen

Ob Sie Ihr Gedächtnis verbessern hängt nicht davon ab, wie intelligent, gebildet oder alt Sie sind. Es hängt von Ihrem Verständnis und der Beherrschung von effektiven Gedächtnisstrategien ab. Beherrschung wird durch Übung in verschiedenen Situationen erreicht. Verständnis erlangt man, wenn man die Grundprinzipien der Gedächtnisarbeit begreift und erkennt, wie diese auf die Strategien zutreffen.

Wenn Sie dieses Buch konzentriert gelesen haben, sollten Sie jetzt die Basisprinzipien der Gedächtnisarbeit verstehen, und – am wichtigsten – erkennen, wie diese den effektiven Gedächtnisstrategien zu Grunde liegen.

Wenn Sie verstehen *warum* bestimmte Strategien funktionieren, werden Sie auch wissen, *wann* sie funktionieren. Und Sie werden Vertrauen in sie haben. Es reicht jedoch nicht aus von der Effektivität einer Strategie überzeugt zu sein.

Die „Kosten" von Gedächtnisstrategien

Der Aufwand (an Zeit und Mühe) ist einer der Hauptgründe, warum Strategien, die bekanntermaßen wirkungsvoll sind, so wenig eingesetzt werden. Der Aufwand bestimmt sich nicht nur durch die Anforderungen der Strategie selbst, sondern auch dadurch wie gut Sie die Strategie geübt haben. Je schlechter Sie eine Strategie erlernen, umso mehr Zeit und Aufwand erfordert es sie anzuwenden. Auf der anderen Seite ist selbst eine im Grunde aufwendige Technik lange nicht so anspruchsvoll, wenn sie ausreichend gut geübt worden ist.

Der Einsatz von externen Erinnerungshilfen ist ein Beispiel für das Prinzip, dass der Aufwand oft entscheidender ist als die Effektivität.

Dies sind die am häufigsten verwendeten Gedächtnisstrategien:

➠ Notizen im Kalender oder Terminplaner schreiben
➠ Dinge an besondere Plätze legen
➠ Notizzettel schreiben
➠ Einkaufslisten schreiben
➠ Gesicht-Name-Assoziationen verwenden
➠ Informationen gedanklich wiederholen
➠ Eine Zeitschaltuhr einsetzen
➠ Jemand anderen um Hilfe bitten

Bis auf zwei sind dies alles externe Gedächtnishilfen. Warum? Nicht weil sie so effektiv wären – sie sind so einfach zu gebrauchen.

Welches sind die Favoriten unter den internen Strategien? Gedankliches Zurückverfolgen (eine Abrufstrategie) und gedankliches Wiederholen (eine Kodierungsstrategie). Nicht die effektivsten Methoden – aber die am wenigsten aufwendigen. Jemanden bitten, dass er einen an etwas erinnert, ist auch eine beliebte Strategie – etwas zum Erstaunen der Wissenschaftler – dies ist auf jeden Fall die am wenigsten aufwendige Strategie von allen!

Vor allem für ältere Menschen ist es besonders wichtig, dass eine Strategie nicht nur effektiv, sondern auch leicht anzuwenden ist (also nicht mit viel Aufwand verbunden).

> **Wenn Sie effektive Strategien einsetzen wollen,
> müssen Sie diese üben.**

Wie Sie eine dauerhafte Gedächtnisverbesserung erreichen

➠ Legen Sie fest, welche Gedächtnisaufgaben Sie verbessern möchten.

➠ Sehen Sie sich die passenden Strategien zu einer bestimmten Aufgabe an.

➠ Wählen Sie darunter die Strategien aus, die Ihnen am meisten liegen.

➠ Üben Sie diese Strategien an verschiedenen Aufgaben, bis Sie sie ohne zu denken ausführen können.

➠ Beherrschen Sie erst die eine Aufgabe, bevor Sie sich der nächsten zuwenden.

Der Sinn dieses Buches ist nicht in erster Linie, bestimmte Gedächtnisstrategien zu beschreiben – obwohl eine Anzahl von Strategien besprochen werden musste. Es gibt bereits viele Bücher, die dies tun. Die Rolle dieses Buches ist es, Ihnen zu beizubringen, wie Sie ein Strategie-*Anwender* werden.

Hierbei liegt der Schlüssel darin, ein strategischer Denker zu werden und dafür müssen Sie ein *Gedächtnisbewusstsein* entwickeln. Gewöhnen Sie sich an, sich selbst zu fragen: Ist dies es wert, erinnert zu werden? Wenn Sie die Zeitung lesen – Möchte ich mich daran erinnern? Wenn Ihnen Ihr Partner etwas sagt – Muss ich mich daran erinnern? Wenn Sie einen neuen Menschen treffen – Möchte ich mich an diese Person erinnern? Das hört sich ziemlich kaltblütig an, aber die Entwicklung dieses Bewusstseins ist entscheidend für die Verbesserung Ihres Gedächtnisses. Sie müssen *aufmerksam* sein, um effektiv zu kodieren.

Eine kluge Auswahl ist besser als das totale Gedächtnis.

Unsere heutige Welt wird immer komplexer und geschäftiger. Die Anforderungen an das Gedächtnis sind heute höher als jemals zuvor. Und uns alle überkommt ein Gefühl der Unzulänglichkeit angesichts dieser Anforderungen.

Sie brauchen sich nicht unzulänglich fühlen. Vergessen ist weder ein Zeichen von Dummheit, noch ein Zeichen von Altwerden. Vergessen ist zweckmäßig. Versuchen Sie nicht, sich an alles zu erinnern. Konzentrieren Sie sich auf das, was wichtig ist.

Und wenn Sie doch etwas Wichtiges vergessen, sagen Sie nicht: „Ich werde senil", „Ich bin ein hoffnungsloser Fall", oder „Ich kann mich einfach an nichts erinnern". Sagen Sie statt dessen: „Ich hätte diese Information besser kodieren sollen" und lernen Sie aus Ihrem Fehler.

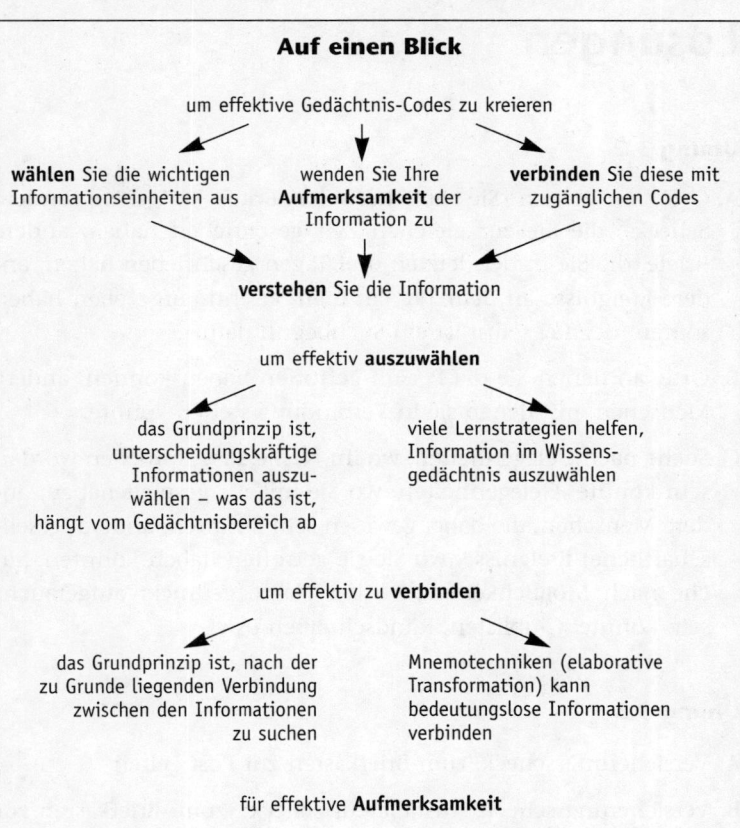

Auf einen Blick

um effektive Gedächtnis-Codes zu kreieren

wählen Sie die wichtigen Informationseinheiten aus

wenden Sie Ihre **Aufmerksamkeit** der Information zu

verbinden Sie diese mit zugänglichen Codes

verstehen Sie die Information

um effektiv **auszuwählen**

das Grundprinzip ist, unterscheidungskräftige Informationen auszuwählen – was das ist, hängt vom Gedächtnisbereich ab

viele Lernstrategien helfen, Information im Wissensgedächtnis auszuwählen

um effektiv zu **verbinden**

das Grundprinzip ist, nach der zu Grunde liegenden Verbindung zwischen den Informationen zu suchen

Mnemotechniken (elaborative Transformation) kann bedeutungslose Informationen verbinden

für effektive **Aufmerksamkeit**

es gibt Strategien um die Qualität Ihrer Aufmerksamkeit zu verbessern

es gibt Strategien, die helfen, Ihre Aufmerksamkeit richtig zu lenken

Lösungen

Übung 3.2

A. Orte, an denen Sie üblicherweise Briefe aufgeben; andere Schecks, die Sie zur gleichen Zeit geschrieben haben; andere Briefe, die Sie in den letzten drei Tagen geschrieben haben; andere Ereignisse an dem Tag, an dem Sie ihn aufgegeben haben sollten (der Tag selbst ist ein Suchbegriff dafür).

B. Orte, an denen Sie die Person getroffen haben können; andere Menschen, mit denen sie in Verbindung stehen könnte.

C. Suche nach Gelegenheiten, wo ihr Name ausgesprochen worden sein könnte; Gelegenheiten, wo Sie mit ihr gespielt haben; andere Menschen, die dabei gewesen sein könnten; andere (gesellschaftliche) Ereignisse, wo Sie sie getroffen haben könnten; Suche nach Möglichkeiten, wo der Name gedruckt aufgetaucht sein könnte: Clublisten, Rundschreiben usw.

Übung 3.3

A. Versicherungsscheck; zum Briefkasten/zur Post gehen.

B. Versicherungsscheck; Installateursscheck; zum Briefkasten/zur Post gehen Montag.

C. Versicherungsscheck; Installateursscheck; zum Briefkasten/zur Post gehen; Briefkasten an der Ecke; nach dem Kaffeetrinken zum Briefkasten gehen; Montag.

Der Kurs C hilft Ihnen am Besten die Erinnerung abzurufen, ob Sie den Scheck abgeschickt haben.

Übung 3.4

Albanien: Tirana
Belgien: Brüssel
Chile: Santiago
Dänemark: Kopenhagen
Ecuador: Quito
Kenia: Nairobi
Libanon: Beirut
Mongolei: Ulan Bator
Nigeria: Lagos
Oman: Muscat

Fiji: Suva
Ghana: Accra
Ungarn: Budapest
Irak: Baghdad
Jamaica: Kingston
Pakistan: Islamabad
Syrien: Damaskus
Taiwan: Taipei
Uruguay: Montevideo
Vietnam: Hanoi

Übung 4.1

Es gibt Verbindungen zwischen Punkt 3 und 5; 4 und 6; 7, 8 und 9; 7 und 10; 7 und 11; 10 und 11; 8 und 12.

Sie können z.B. eine Kette bilden mit 7, 8, 9, 10 und 11 zum Thema „Vivaldis Versagen als Priester".

Übung 9.3

Thema: „Land"
Alternativthema: „Farmarbeit"

Übung 9.4

a) Der erste Satz verbindet zwei Substantive durch eine Konjunktion, der zweite mit einer Ortspräposition und der dritte mit einer interaktiven Präposition. Der dritte Satz ist am einprägsamsten – und zwar nicht weil er lustiger ist, sondern weil er interaktiv ist.

b) Bei der ersten Aufzählung klingen die Wortpaare gleich, bei der zweiten sehen sie gleich aus und bei der dritten ergeben sie eine sinnvolle Wortverbindung – die dadurch am besten im Gedächtnis bleibt.

Übung 10.3

1. Kodierungs- und Aufhänger-Methode
2. Kodierende Mnemotechnik
3. Schlüsselwort-Methode
4. Orts-Methode
5. Ketten- oder Geschichten-Methode

Übung 12.1

1. Abrufaufgabe. Betrifft das Gedächtnis für andere Menschen und das Gedächtnis für persönliche Ereignisse (Ihre Entscheidung, wer was bekommt). Sie befinden sich in einer Gruppensituation (und die anderen in der Gruppe helfen Ihnen vielleicht dabei, sich an einzelne Artikel zu erinnern). In den Läden werden Sie Abrufhilfen finden. Aber Sie fühlen sich wahrscheinlich gehetzt und dann stehen Sie auch noch unter Zeitdruck, alles bei dieser Gelegenheit zu bekommen.

   Das beste ist wahrscheinlich, eine neue Liste zu machen – das Niederschreiben an sich wird helfen, die frühere Handlung des Listenschreibens ins Gedächtnis zurückzurufen ebenso wie die Last auf Ihrem Arbeitsgedächtnis zu mindern und Ihren Stress zu reduzieren. Beginnen Sie damit, alle Leute aufzuführen, für die Sie Weihnachtsgeschenke brauchen, dann versuchen Sie Geschenkvorschläge anzuhängen. Kategorie-Etiketten (Drogerie/Parfümerie; Bücher; Kleidung etc.) werden helfen.

2. Abrufaufgabe. Betrifft das Gedächtnis für konkrete Ereignisse. Sie sind zwar in der richtigen Umgebung, um die Information abzurufen (wir nehmen an, Sie sind in der Bücherei) und somit umgeben von einer Vielzahl von Abrufhilfen. Die Vertrautheit

der Umgebung arbeitet aber auch gegen Sie – Sie müssen nach etwas *Unterscheidungskräftigem* suchen, das Ihren letzten Besuch kennzeichnet.

Dies tun Sie, indem Sie nach Hinweisen suchen, z.B.:

Können Sie sich deutlich an das letzte Mal erinnern, als Sie die Bücherei besucht haben? Nein.
Wann gehen Sie in der Regel hin? Vor dem Tennis, deshalb Montag abend.
Gingen Sie letzte Woche hin? Ja.
Können Sie sich nun an den Besuch erinnern? Nein.
Betrachten Sie die Bücher, die Sie bei dieser Gelegenheit ausgeliehen haben. Können Sie sich daran erinnern, wie Sie diese mitgenommen haben? Ja.
Können Sie sich jetzt an den Besuch erinnern? Ja.
Können Sie sich daran erinnern, Ihre Bücher zurückgegeben zu haben? Nein.
Können Sie sich an irgendwelche anderen Bücher erinnern, die Sie zurückgegeben haben? Ja.
Versuchen Sie diese Bücher zu visualisieren. Können Sie sich nun an das fehlende Buch erinnern? Ja!

3. Kodierungsaufgabe. Betrifft das Planungsgedächtnis. Die Information ist bedeutungslos. Sie steht auf einer Terminkarte und Sie müssen sich bis zum Termin daran erinnern. Sie müssen sich nicht an all die Informationen gleichzeitig erinnern – konzentrieren Sie sich zunächst auf den Tag und dann, wenn dieser gekommen ist, auf die Uhrzeit. Vielleicht gibt es umgebungsbedingte Einschränkungen bezüglich der Art und Weise, wie Sie diese Information extern kodieren können (das heißt, mittels Kalender oder Terminplaner etc.)
Die beste Strategie wird wohl sein, eine geeignete externe Hilfe einzusetzen (einschließlich der, jemanden zu bitten, dass er Sie erinnert). Eine geeignete interne Strategie beinhaltet, dass Sie die Verabredung mit einem hilfreichen Auslöser-Ereignis verbinden.

4. Kodierungsaufgabe. Betrifft das Wissensgedächtnis. Die Information ist bedeutungsvoll. Sie steckt in einem schriftlichen Dokument, das komplex, aber nicht kompliziert ist. Sie möchten sich an die Information erinnern, um sich a) Fachkenntnisse über das menschliche Gedächtnis anzueignen und/oder b) diese verwenden, um Ihre Gedächtnisfertigkeiten zu verbessern. Sie möchten sich auf Dauer an diese Information erinnern. Sie müssen sich nur an die Bedeutung erinnern, nicht an die genauen Worte. Wahrscheinlich können Sie Ihr Kodieren auf eine Zeit und einen Ort festlegen, an dem Sie sicher sind, dass Sie genügend Aufmerksamkeit aufbringen können.

Die geeignete Strategie (oder Reihe von Strategien, da tatsächlich mehrere für eine solch komplexe Aufgabe gebraucht werden) beinhaltet den Aufbau von Verständnis durch eine Vielzahl von Verbindungen. Sie müssen Lernstrategien wählen, die Sie ermutigen, nach den zu Grunde liegenden Beziehungen zu suchen, verschiedene Abschnitte zu integrieren usw.

Tests, die die Kapazität des Arbeitsgedächtnisses messen

Diese Tests sollen Ihnen eine Vorstellung der Kapazität Ihres Arbeitsgedächtnisses vermitteln. Da sie nicht unter kontrollierten Bedingungen ausgeführt werden, dürfen Sie sie jedoch nicht als definitiv betrachten.

Zahlenspanne

Dieser Test zur Überprüfung Ihrer Gedächtniskapazität für Zahlen erfordert die Mitarbeit einer weiteren Person. Der Tester liest jede Zahlenfolge laut vor, eine Reihe nach der anderen, und zwar in der Geschwindigkeit von einer Zahl pro Sekunde. Die Testperson wiederholt dann die Zahlenfolge. Es gibt fünfstellige, sechsstellige, siebenstellige und achtstellige Zahlenfolgen. Die zweiten drei Zahlenreihen jeder Serie sollten von der Testperson *rückwärts* wiederholt werden.

Serien mit fünf Zahlen:

4	7	9	1	2
8	3	5	2	4
6	2	4	7	1

rückwärts wiederholen:

9	0	2	5	7
1	6	3	8	5
5	4	0	3	6

Serien mit sechs Zahlen:

2	9	8	4	3	1
7	1	6	9	0	8
3	8	1	6	9	0

rückwärts wiederholen:

0	5	7	1	8	3
9	2	0	3	4	7
4	7	2	0	5	9

Serien mit sieben Zahlen:

1	6	4	8	2	5	3
5	0	3	7	1	2	6
8	3	7	5	6	4	0

rückwärts wiederholen:

6	4	5	2	7	1	9
4	1	8	3	5	7	2
3	9	0	4	8	6	1

Serien mit acht Zahlen:

2	5	9	0	3	8	4	7
0	7	1	6	9	3	5	4
9	2	6	1	0	5	8	3

rückwärts wiederholen:

7	8	2	9	4	0	3	6
1	4	0	5	7	2	9	8
5	9	3	4	1	6	7	2

Ein durchschnittlicher Erwachsener kann zwei bis drei Reihen mit sieben Zahlen korrekt wiederholen. Ein überdurchschnittlicher Erwachsener kann eine Serie mit acht Zahlen korrekt wiedergeben und in umgekehrter Reihenfolge eine Reihe mit sieben Ziffern oder mehr aufsagen.

Wortspanne

Der Tester liest die folgenden Worte vor, immer eine Zeile ganz, mit einer Geschwindigkeit von einem Wort pro Sekunde. Die Testperson wiederholt die Folge. Zu Beginn bestehen die Zeilen aus zwei

Wörtern. Die Anzahl der Wörter pro Zeile steigt laufend bis auf sieben. Hören Sie auf, wenn Sie nicht mehr alle Wörter in der richtigen Reihenfolge wiedergeben können, und zwar von allen drei Zeilen der gleichen Größe. Der Maßstab für Ihre Wortspanne liegt dort, wo Sie korrekt zwei von drei gleich langen Zeilen wiedergeben konnten.

Stufe	Fleisch					
Rad	Stunde					
Tee	Feuer					

Brot	Rasen	Schuh				
Haus	Buch	Ei				
Mund	Käse	Löffel				

Zeit	Teller	Milch	Hirsch			
Boden	Hafen	Ding	Karte			
Suppe	Mauer	Herz	Hund			

Ente	Geld	Hand	Dach	Zug		
Bett	Messer	Tag	Nase	Hemd		
Ohr	Bus	Mehl	Mann	Brett		

Kuchen	Tür	Nebel	Maus	Rock	Woche	
Frau	Erbse	Socken	Monat	Gans	Auto	
Bad	Tasse	Pferd	Öl	Sohn	Arbeit	
Bank	Kleid	Obst	Liebe	Zimmer	Jahr	Wespe
Wein	Anzug	Schwein	Lampe	Haar	Strand	Uhr
Bohne	Kuh	Licht	Hut	Dieb	Tag	Schmerz

Die Wortspannen von amerikanischen College-Studenten liegen bei dieser Übung bei vier bis sechs.

Lese- und Verständnisspanne

Die folgenden Sätze sollen nacheinander laut gelesen werden (decken Sie den Text darüber und darunter ab, so dass Sie weder die Sätze sehen können, die Sie noch nicht gelesen haben, noch die, die Sie schon gelesen haben). An jedem Satzende versuchen Sie das letzte Wort zu wiederholen.

Das Auto fuhr in die Einfahrt und sie sahen das Haus zum ersten Mal.
Sie ging durchs Zimmer und bückte sich, um das Kleid aufzuheben – es lag am Boden.

Das Schwein grunzte laut, dann stemmte es sich hoch und ging zum Zaun.
Er fragte sich, wann der Lastwagen ankommen würde, er wollte endlich arbeiten.

Morgens konnten keine Spuren ausgemacht werden, weil das Gras bedeckt war von dichtem Tau.
Vor langer Zeit stand hier ein Wald, doch jetzt ist hier nur die Straße.

Sie war allein am Himmel und der Ballon sauste nach unten mit beängstigender Geschwindigkeit.
Der Nebel war dicht und der Kran war ein dunkler Schatten in der ominösen Stille.
Der Wein war angenehm, doch er war wie immer viel zu schnell ausgetrunken.

Unten im Schilf, das am Ufer des Sees stand, fand er den schlaffen Körper seines Hundes.
An einem klaren Tag können Sie das ganze Tal überblicken, bis zum Sumpf.
Der Junge bemerkte, dass sich die Ente anscheinend nicht vor Menschen fürchtete.

Er wurde am Strand angespült und zwar zwei Tage nach dem schlimmsten Sturm seit Menschengedenken.

Die Äpfel sind äußerst knackig und schmecken sehr gut zu dem würzigen Käse.

Die Worte verschmolzen miteinander und das Zimmer fuhr um ihn herum Karussell.

Der Violinist verbeugte sich vor dem Publikum, das begeistert applaudierte und mit den Füßen stampfte.

Viele Monate lang wanderten die Langusten auf dem Meeresboden rund um die Inseln.

Er näherte sich dem zitternden Tier, das Messer glänzte in seiner großen Hand.

Als wir die Glocke läuten hörten, war unser erster Gedanke Erleichterung.

Sie kletterte ganz nach oben und stand vollkommen unbeweglich am Rand der Klippe.

In Gedanken versunken scherte er nach rechts aus in die Spur für Lastwagen.

Das kleine Mädchen fragte den Lehrer, ob sie nach draußen gehen könnte zum Spielen.

Die Zeitung war sehr pessimistisch, was Preissteigerungen anbelangte – in Rekordhöhe!

Das Zimmer war sauber und das Bett gemacht, doch die Wände waren mit Kreide beschrieben.

Er deckte den Tisch vorsichtig und ging zurück, um den Effekt der silbernen Kerzen zu bewundern.

Am Tag, als die Wand einstürzte, richtete ich den Garten her für die Party.

Der Bus hielt quietschend an und der alte Mann wedelte aufgebracht mit seinem Stock.

Das Wasser war ruhig wie ein Gartenteich und die Segel hingen schlaff an den Yachten.

Sie nahm das Telefon und hielt inne, um einen Flecken auf dem Teppich zu betrachten.

Der Laden war voller überdrehter Kunden, denn es war der erste Tag des Schlussverkaufs.

Das leichte Flugzeug blieb in der Luft stehen – für einen Herzschlag.

Abends kamen die Mosquitos und surrten unermüdlich ums Feuer.

Der Einkaufswagen rutschte ihr aus der Hand und raste direkt in die alte Dame.

Der Chef kam zu spät und verlangte eine Tasse Kaffee.

Orangen und Zitronen waren zu Pyramiden aufgetürmt und leuchteten in der Sonne.

Als der Zug fünf Minuten zu früh ankam, schauten alle Passagiere auf die Uhr.

Die Schokolade floss dick und glänzend über eine Schale saftiger Beeren.

In den Zeiten vor dem Automobil konnten viel mehr Menschen reiten.

Als er am Schlüsselloch horchte, hörte er das leise Klappern ihrer hohen Absätze auf dem Boden.

Der Fluss stieg rasch an, doch sie hatten alle Möbel in Sicherheit auf dem Dachboden.

Als der Dieb verzweifelt an der benachbarten Planke entlanglief, fiel sein Glas ins Wasser.

Das Schiff segelte das letzte Mal in den Hafen und wartete auf die kleinen Schiffe.

Amerikanische College-Studenten (vermutlich „überdurchschnittlich", was das Textverständnis anbelangt) haben Verständnisspannen von zwei bis 5,5. Hohe Spannen sind vier und mehr; mittlere drei bis 3,5; niedrige unter drei.

Glossar

abrufbar: Ein Gedächtniscode ist abrufbar, wenn er leicht aktiviert werden kann.

Abrufbegriffe oder Abrufhilfen: Informationen, die im Gedächtnis eine Suche einleiten.

abrufen: einen Gedächtniscode finden. Er wird aus einem Datenspeichercode in einen aktiven Arbeitsspeichercode umgewandelt.

Abstands-Effekt: Wiederholungen sind effektiver, wenn Pausen dazwischen liegen, als wenn alles auf einmal gelernt wird.

Akronym: bildet mit den Anfangsbuchstaben der einzelnen Elemente einer Aufzählung ein Wort mit Bedeutung. Ein Akronym nenne man auch Initialwort.

Akrostichon: verwendet die Anfangsbuchstaben einer Aufzählung von einzelnen Elementen als Anfangsbuchstaben von anderen Wörtern, um daraus einen sinnvollen Satz zu bilden.

aktiv: das Stadium, in dem ein Gedächtniscode betrachtet und in dem mit ihm gearbeitet werden kann.

aktives Lesen: Strategien, die die effektive Auswahl von wichtigen Informationen fördern, indem sie die aktive Beteiligung am Leseprozess fördern.

aktivieren: einen Gedächtniscode aktivieren – ihn so anzuregen, dass er verfügbar wird.

akustisch: der Klang eines Wortes.

alphabetische Suche: eine **Generierungsstrategie**, die die Buchstaben des Alphabets als Abrufhilfen benutzt.

Anfangsbuchstaben-Mnemotechnik: eine Listen-Lern-Strategie, die die Anfangsbuchstaben der einzelnen Teile benutzt, um die Erinnerung zu unterstützen. Es gibt zwei Arten: Akronyme und Akrostichons.

Arbeitsspeicher: der Zustand des Gedächtnisses, in dem Gedächtniscodes betrachtet oder bearbeitet werden können.

Arbeitsspeicherkapazität: die Informationsmenge, die gleichzeitig behalten und bearbeitet werden kann.

Assoziationsstadium: die zweite Phase im Lernprozess einer Fertigkeit, in der die Handlungsschritte koordiniert werden und deren Reihenfolge gelernt wird.

Aufhänger-Methode: ähnelt der **Orts-Methode**, verwendet jedoch Nummern als Aufhänger oder Anker. Die Bilder für die Nummern werden auswendig gelernt mit Hilfe eines Reims. Die Aufhänger-Methode kann erweitert werden durch den Einsatz eines Kodierungssystems.

Auslöser-Ereignis: Ereignisse, die beabsichtigte Aktivitäten im Gehirn auslösen.

autobiografisches Gedächtnis: eine Komponente des **persönlichen Gedächtnisses.** Der Gedächtnisbereich, in dem sich Informationen über Sie selbst befinden, und im besonderen, über die Ereignisse und Erfahrungen, die Sie erlebt haben.

Autonomiestadium: das letzte Stadium im Lernprozess einer Fertigkeit, in dem die Handlungsreihenfolge so gut gelernt wurde, dass keine mündlichen Anweisungen mehr notwendig sind.

beziehungsreiche Bilder: visuelle Vorstellungen, die mindestens zwei Elemente zusammenbringen.

biografische Codes: ein anderer Begriff für **semantische Codes,** um **semantische Codes** klarer von **visuell abgeleiteten semantischen Codes** zu unterscheiden.

Code: Information, die bearbeitet und transformiert wurde, indem Teile vernachlässigt, andere hervorgehoben wurden.

Domino-Prinzip: das Prinzip, dass das Aktivieren eines Gedächtniscodes andere, damit verbundene ebenfalls anregt.

elaborative Fragestellung: eine nicht-transformationelle Strategie, bei der Fakten über Warum-Fragen gelernt werden.

emotionales Gedächtnis: eine Komponente des **autobiografischen Gedächtnisses.** Der Gedächtnisbereich, in dem sich Ihre Erinnerungen darüber befinden, wie Sie sich bei einer bestimmten Gelegenheit gefühlt haben.

enkodiern oder kodieren: Information in einen Gedächtniscode übertragen und im Gedächtnis ablegen.

Ereignis-Gedächtnis (Episoden-Gedächtnis): beinhaltet das Gedächtnis für konkrete Ereignisse, die Sie erlebt haben ebenso wie allgemeine Ereignis-**Schemata** und Kurzzusammenfassungen.

Ergebnis-Ziel: Ihr Ziel bei der Ausübung einer Lernaufgabe in Form des gewünschten Ergebnisses.

Fächer-Effekt: Es können nicht beliebig viele Gedächtniscodes aktiviert werden. Je mehr Gedächtniscodes aktiviert sind, desto weniger Aktivierung entfällt auf jeden einzelnen. Das Abrufen wird langsamer und schwieriger.

Fertigkeiten-Gedächtnis (prozedurales Gedächtnis): der Gedächtnisbereich, wo die motorischen Fertigkeiten angesiedelt sind, wie das Spielen eines Musikinstruments, sowie die kognitiven Fertigkeiten wie Lesen oder Computer Programmieren.

Gedächtnisbereich: ein Teil des Gedächtnisses, der Informationen einer bestimmten Art handhabt und dabei nach seinen eigenen Organisationsprinzipien verfährt.

Generierungsstrategie: eine Suchstrategie, die es ermöglicht, systematisch eine Anzahl von potenziellen Abrufhilfen zu schaffen.

Gesicht-Name-Assoziation: ist eine Variante der Schlüsselwort-Methode, um sich an Personennamen zu erinnern.

Grafische Organisationshilfen: eine Art **grafische Zusammenfassung**, geeignet für Material, das hierarchisch dargestellt werden kann und einen Vergleich zwischen den einzelnen Gruppierungen erlaubt.

Häufigkeits-Effekt: ein Gedächtniscode wird umso leichter abgerufen, je häufiger er in der Vergangenheit aktiviert wurde.

Identitätsgedächtnis: beinhaltet einzelne Bereiche für körperliche Merkmale; Gesichtsausdruck; semantische Information (z.B. Beruf, Ehestand, Adresse etc.); visuelle Information (z.B. Geschlecht, Durchschnittsalter etc.) sowie Namen. Eine Komponente des sozialen Gedächtnisses.

Hervorheben: jede Art und Weise, auf die Schlüsselworte oder -sätze hervorgehoben werden können, z. B. Unterstreichen, Rahmen, Fettschrift oder Marker.

Karten (Maps): grafische Zusammenfassungen, die die Hauptgedanken in einer strukturierten, jedoch nicht hierarchischen Form aufzeigen.

Ketten-Methode: verbindet Einzelteile in einer Kette von paarweise angeordneten Einzelpunkten.

kodieren: Information in einen Gedächtniscode übertragen und im Gedächtnis ablegen.

Kontext-Effekt: die Leichtigkeit, mit der Sie sich an manche Dinge erinnern können, hängt davon ab, in welchem Maße der Kontext, in dem Sie die Information abrufen, übereinstimmt mit dem, in dem Sie sie ursprünglich kodierten.

Kurs: Ihre Definition des Ziels zu Beginn der Suche. Je spezifischer er ist, desto erfolgreicher wird Ihre Suche sein.

Lern-Strategien: Kodierungsstrategien, die Ihnen helfen, bedeutende Information zu verstehen und sich daran zu erinnern, vor allem Sachinformationen aus Büchern oder Vorträgen.

Lernstil: Veranlagung für den Einsatz von bestimmten Kodierungsstrategien.

Listen-Lern-Methoden: beinhaltet drei Strategien, die die visuelle Vorstellung einsetzen, um die einzelnen Bestandteile einer Liste zu verbinden: die **Orts-Methode**, die **Aufhänger-Methode** und die **Link-Methode** und zwei Techniken, bei denen Worte verwendet werden um Einzelteile zu verbinden: die **Geschichten-Methode** und die **Anfangsbuchstaben-Mnemotechnik**.

Mind-Mapping: eine verbreitete Gedächtniskarten-Strategie nach Tony Buzan.

Mnemotechniken: sind Hilfen für das Gedächtnis, wie **Akronyme**, **Akrostichons**, Techniken, die Informationen verbinden, indem Sie visuelle Bilder oder eine Geschichte erfinden. Sie sind am besten geeignet für Informationen, die von Natur aus nicht so bedeutungsvoll sind.

Multimedia Zusammenfassungen: grafische Zusammenfassungen, die Bild und Text kombinieren, indem sie diese integrieren. Besonders geeignet um wissenschaftliche Erklärungen zu verdeutlichen.

Namenscode: der Gedächtniscode, der den Namen der Person enthält. Er ist nur über den semantischen Code zugänglich.

Netzwerk: die Struktur des Gedächtnisses – Gedächtniscodes, die miteinander verknüpft sind.

Neuformulierung: Informationen in eigenen Worten wiedergeben.

Neuigkeitseffekt: ein Gedächtniscode wird leichter aktiviert, wenn die letzte Aktivierung nicht lange zurück liegt.

Nicht-transformationelle Elaboration: Information elaborieren, also ausführen, um sie besser einzuprägen, indem man sie mit vertrauten Informationen, die sinnvoll verknüpft sind, verbindet.

Notizen machen: Strategien die die effektive Auswahl wichtiger Informationen fördern, durch Umformulierung und Neugliederung von Textmaterial.

Oberflächen-Ansatz (oberflächliches Memorieren): Ein Lernansatz, der oberflächliche Ähnlichkeiten zwischen den Details hervor hebt, und somit eher hilft Informationen zu reproduzieren als diese zu verstehen.

Orts-Methode: ist traditionell als Loci-Methode bekannt. Bilder der zu erinnernden Einzelheiten stellt man sich an vertrauten Orientierungspunkten vor, die in einer festen Reihenfolge aufeinanderfolgen.

persönliches Gedächtnis: der Gedächtnisbereich, der Informationen über Menschen speichert – Sie selbst und andere. Er beinhaltet Informationen über Ereignisse und Erfahrungen, Gefühle und Glaubenseinstellungen, Verhalten und Identität. Manchmal auch als episodisches Gedächtnis bezeichnet.

Planungsgedächtnis: Gedächtnis für Absichten, die wir in Zukunft ausführen wollen. Manchmal auch als Zukunftsgedächtnis bezeichnet.

Prozess-Ziele: konkrete Zwischenziele, die auf dem Weg zum gewünschten Ergebnis einer Lernaufgabe erreicht werden müssen

Schema: ein allgemeiner Abriss oder ein zusammengesetztes Gerüst, das aus einer Anzahl verschiedener konkreter Beispiele konstruiert wurde.

Schlüsselwort-Methode: verwandelt ein Wort in ein Bild mittels Schlüsselwort – ein Wort, das von dem zu lernenden Wort abgeleitet wird und das man sich gut vorstellen kann. Die Schlüsselwort-Methode ist hilfreich um einzelne Elemente paarweise zu verbinden – ein Wort mit seiner Bedeutung, eine Hauptstadt mit ihrem Land, ein Land mit seinem Produkt.

sekundäre Abrufbegriffe: Gedächtniscodes, deren Verbindungen den Weg und damit die Suche im Gedächtnis bestimmen.

Selbstbeschreibung: ein Bestandteil des autobiografischen Gedächtnisses. Der Gedächtnisbereich, der die Informationen beinhaltet, die „Sie selbst" ausmacht – Ihre Identitätsinformation.

Semantik: die Bedeutung eines Wortes.

semantische Codes: Gedächtnis-Codes, die Informationen beinhalten über die Person – ihren Beruf, ob sie eine/n Partner/in hat, Kinder etc.

soziales Gedächtnis: beinhaltet Ihr Gedächtnis für andere Menschen – deren Identität (die wiederum in drei unterschiedliche Informationsarten unterteilt ist), biografische Details und Erinnerungen an deren Verhaltensweisen. Eine Komponente des **persönlichen Gedächtnisses**.

Sturktur-Codes: Gedächtniscodes, die Information über körperliche Merkmale einer Person beinhalten.

Thematische Zusammenfassungen: fassen die Hauptpunkte eines Texts Punkt für Punkt zusammen.

Tiefen-Ansatz (elaborierendes Memorieren): Ein Lernansatz, der die zu Grunde liegenden Prinzipien und Beziehungen zwischen den Einzelheiten betont.

Titel: ein einzelnes Wort oder eine Phrase, die die Teilstücke einer Information in **einer Gruppe** zusammenfasst.

transformationelle Elaboration: Information durch Umwandlung in ein interaktives Bild elaborieren, um diese besser im Gedächtnis zu behalten.

transformationelle elaborative Strategien: Strategien die neue Information mit vertrauten Gedächtniscodes durch Transformation verbinden. Dazu zählen die **Schlüsselwort-Methode** und die **Gesicht-Name-Assoziation**, die Vorstellungen einsetzen, sowie die **Kodierungsmethode**, die Zahlen in Worte umwandelt.

treibender Effekt: Ein Gedächtniscode ist leichter zu aktivieren und abzurufen, wenn mit ihm verbundene Gedächtniscodes vor kurzem aktiviert wurden.

Übereinstimmungs-Effekt: Je mehr Code und Suchbegriff übereinstimmen, desto leichter ist es, einen bestimmten Gedächtniscode zu finden.

Überfliegen: schnell einen Text durchlesen, aktiv nach wichtigen Informationen suchend.

Übergruppierungen: Gruppierungen von Codes können mit anderen Gruppen verbunden werden. Je nachdem wie stark die Verbindungen sind, kann das Netzwerk der Gruppen auch als eine Übergruppierung behandelt werden.

Übergruppierungs-Effekt: wenn Gedächtnis-Codes gut integriert sind, können Gruppierungen als einzelnes Element aktiviert werden. Dementsprechend, selbst wenn viele Gedächtniscodes aktiviert sind, wird der Abruf nicht behindert, wenn sie gut gruppiert sind.

Überschriften: einzelne Wörter oder Sätze, die Abschnitte in einem Text betiteln und helfen, diesen in einer hierarchischen Struktur zu gliedern.

Übersicht: eine Art grafische Zusammenfassung, geeignet für Material, das hierarchisch dargestellt werden kann.

Überwachen: Techniken, die Sie darüber informieren, wie gut Sie die Information in einer Gedächtnissituation gelernt haben, so dass Sie ihre Kodierungsstrategien entsprechend planen können.

Umgebungshilfen: ein Objekt oder Ereignis, das dem Gedächtnis als externe Erinnerungshilfe dient.

Unterscheidungsprinzip: Gedächtniscodes können einfacher gefunden werden, wenn sie leicht von anderen, verbundenen Codes unterschieden werden können.

Unterstützungsstrategien: Techniken, die unsere Kodierungs- und Abruffertigkeiten unterstützen.

Ursachenkette: das Gerüst einer Geschichte; eine Kette von ursächlichen Verknüpfungen angefangen bei der Absicht des Protagonisten bis zum Ende.

Vergessen: nicht in der Lage sein, einen Gedächtniscode zu finden.

Verständnisspanne: Ein Maßstab für die Kapazität des Arbeitsgedächtnisses. Sie bezieht sich auf die Fähigkeit gelesene und gesprochene Informationen zu verstehen.

visuell abgeleitete semantische Codes: Gedächtniscodes, die die Information über eine Person enthalten, die man sofort wahrnimmt, wenn man sie sieht – zum Beispiel, etwaige Größe, Geschlecht etc.

Vorstellung: die Verwendung von visuellen Bildern um nicht-visuelle Informationen zu kodieren.

Wiederholung: Das Wiederholen einer Information ist die einfachste Lernmethode. Ihre Effektivität begründet sich durch den **Häufigkeits-Effekt.**

Wissensgedächtnis: der Gedächtnisbereich, der sich mit dem allgemeinen enzyklopädischen Weltwissen sowie Sprache beschäftigt. Ebenfalls bekannt als semantisches Gedächtnis.

Wortspanne: die Anzahl von Worten, die Sie in der richtigen Reihenfolge fehlerfrei wiedergeben können. Ein Maßstab ist die **Arbeitsspeicherkapazität.**

Ziel: der Gedächtniscode, der anvisiert wurde.

Literaturverzeichnis

Baddeley, A. *Your Memory: a user's Guide*. London, Penguin Books 1994.

Barsalou, L.W. The content and organisation of autobiographical memories. In U. Neisser, & E. Winograd (eds.), *Remembering Reconsidered: Ecological and traditional Approaches to the study of Memory*. Cambridge University Press 1988.

Bransford, J.D., B.S. Stein, T.S. Shelton & R.A. Owings. Cognition and adaptation: the importance of learning to learn. In J. Harvey (ed.), *Cognition, Social Behaviour and the Environment*. Hillsdale, NJ, Erlbaum 1981.

Broadbent, D.E., P.J. Cooper & M.H. Broadbent. A comparison of hierarchical and matric retrieval schemes in recall. *Journal of Experimental Psychology: Human Learning and Memory, 4*, 486–497. 1978.

Buzan, Tony. *Nichts vergessen. Kopftraining für ein Supergedächtnis*. München, Goldmann 2000.

Buzan, Tony. *Power Brain: Das Tony Buzan Training. Besser denken, mehr behalten, Neues leichter aufnehmen*. Landsberg, mvg 1999.

Buzan, Tony. *Speed Reading: Schneller Lesen – Besser Behalten*. Landsberg, mvg 1997.

Cantor, J.& Engle, R.W. Working memory capacity as long-term memory activation: An in individual-differences Approach. *Journal of Experimental Psychology: Learning, Memory and Cognition,* 19, 1101–1114. 1993.

Daneman, M.&Carpenter, P.A. ,1980. Individual differences in working memory and reading. *Journal of Verbal Learning and Verbal Behavior, 19*, 450–466.

Engelkamp, Johannes. *Das menschliche Gedächtnis. Das Erinnern von Sprache, Bildern und Handlungen*. Kornw., Hogrefe Verlag 1991.

Gregg, L.W. (ed.). *Cognition in Learning and Memory*. New York, Wiley 1972.

Gruneberg, Michael M. und Graham Coldwell. *Linkword hilft beim Sprachenlernen*, Englisch, m. Cassette. Niedernhausen, Falken-Verlag 1995.

Grunenberg, M.M., P.E. Morris & R.N. Sykes (eds.) *Applied Problems in Memory*. London, Academic Press 1979.

Grunenberg, M.M., P.E. Morris & R.N. Sykes (eds.) *Practical Aspects of Memory*. London, Academic Press 1978.

Haupts, Michael, Durwen, H.F. und Gehlen, W. *Neurologie und Gedächtnis*. Göttingen, H. Huber 1994.

Herrmann, D., H. Weingartner, A. Searleman & C. McEvoy (eds.). *Memory Improvement: Implications for Memory Theory*. New York, Springer Verlag 1992.

Herrmann, Douglas J., Herbert Weingartner, Alan Searman, Cathy McEvoy. *Memory Improvement. Implications for Memory Theory*. Berlin, Heidelberg, Springer-Verlag 1993.

Lewandowsky, Via und Durs Grünbein. *Gehirn und Denken*. Ostf., Hatje 2000.

Marks, D.F. Individual differences in the vividness of visual imagery and their effect on function. In P.W. Sheehan (ed.) *The Function and Nature of Imagery*. New York, Academic Press 1972.

Mayer, R.E., W. Bove, A. Bryman, R. Mars & L. Tapangco. When less is more: Meaningful learning from visual and verbal summaries of science textbook lessons. *Journal of Educational Psychology*, 88, 64–73, 1996.

McCormick, C. B. & J. R. Levin, Mnemonic prose-learning strategies. In M.A. McDaniel & M. Presley (eds.), *Imagery and Related Mnemonic Processes: Theories, individual differences and applications*. New York, Spinger 1987.

Parkin, Alan J. *Gedächtnis. Ein einführendes Lehrbuch*. Psychologie Verlag 1996.

Piaget, Jean und Bärbel Inhelder. *Gedächtnis und Intelligenz*. Stuttgart, Klett-Cotta 1980.

Ramsden, Paul (ed.). *Improving Learning: New Perspectives*. New York, Nichols Publishing 1988.

Robinson, D.H. & K.A. Kiewra. Visual argument: Graphic organizers are superior to outlines in improving learning from text. *Journal of Educational Psychology, 87*, 455–467. 1995.

Rose, Colin und Malcolm J. Nicholl. *M.A.S.T.E.R.-Learning. Der optimale Weg für leichtes und effektives Lernen*. Landsberg, mvg 2000.

Schermer, Franz J. *Lernen und Gedächtnis. (Grundriß der Psychologie, 10)*. Stuttgart, Kohlhammer 1998.

Vester, Frederic. *Denken, Lernen, Vergessen*. München, dtv 1998.

Weinstein, C.E., E.T. Goetz & P.A. Alexander. *Learning and Study Strategies*. New York, Academic Press 1986.

Woloshyn, V.E., T. Willoughby, E. Wood & M. Pressley. Elaborative interrogation facilitates adult learning of factual paragraphs. *Journal of Educational Psychology, 82,* 513–524, 1992.

Yates, Frances A. *Gedächtnis und Erinnern. Mnemonik von Aristoteles bis Shakespeare*. Berlin, Akademie-Verlag 1999.

Stichwortverzeichnis